Memória obstinada

CB138896

Memória obstinada
a luta das mães de Osasco e Barueri

organização
Acácio Augusto, Joana Barros e Gabriella De Biaggi

editora **IGRÁ KNIGA**
2025

© Acácio Augusto, Joana Barros e Gabriella De Biaggi, 2025.

EDIÇÃO **Bruno Xavier**
REVISÃO E PREPARAÇÃO **Marina Manganotte**
PROJETO GRÁFICO **Marina Manganotte; Nina Meirelles**
CAPA **Nina Meirelles**
DIAGRAMAÇÃO **Marina Manganotte**
FOTOGRAFIAS **Paulo Pinto/Agência Brasil; Mário Palhares; LASInTec**
QUARTA CAPA **Zilda Maria de Paula [documentário "Memória obstinada: caminhos de luta das mães, por memória e verdade em Osasco e Barueri", Caio Castor, 2023.]**
APRESENTAÇÃO **Raphael Sanz**
PREFÁCIO **Edson Teles**

CONSELHO EDITORIAL DA IGRÁ KNIGA
Allan de Campos
Bruno Xavier
Jean Tible

Realização
LASInTec - Laboratório de Análise em Segurança Internacional e Tecnologias de Monitoramento (UNIFESP)

Apoio
Antipode

[2025, São Paulo - SP]

Todos os direitos desta edição reservados à **EDITORA IGRÁ KNIGA**

www.igrakniga.com

igrakniga@gmail.com

instagram.com/igrakniga
facebook.com/igrakniga.ik.5
twitter.com/k_igra

Memória obstinada
a luta das mães de Osasco e Barueri

organização

Acácio Augusto, Joana Barros e Gabriella De Biaggi

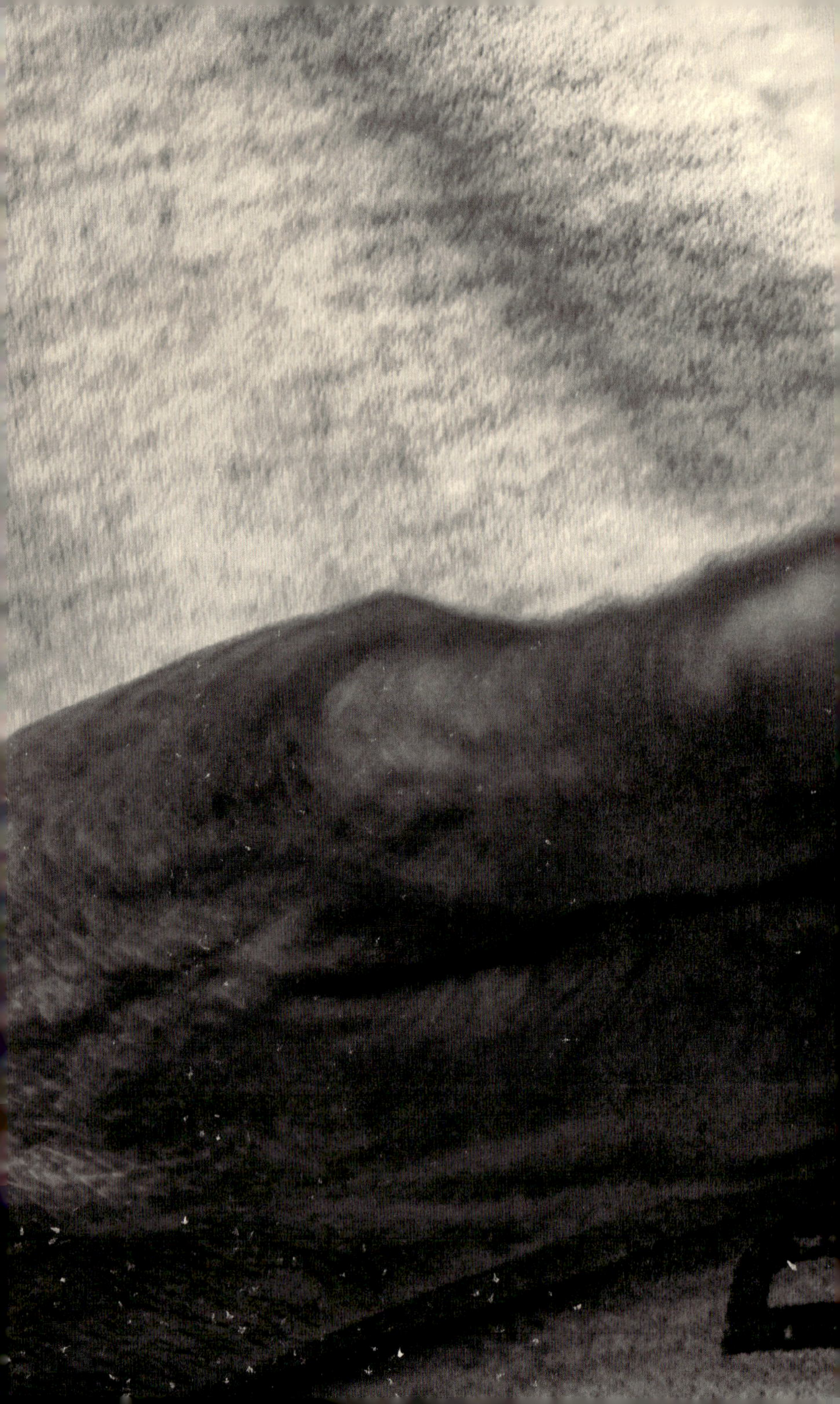

F

Sumário

Apresentação

Raphael Sanz

A aleatoriedade é talvez a marca mais assustadora da Chacina de Osasco e Barueri, uma série de ataques realizados por agentes de segurança encapuzados e fora de serviço, que deixou quase três dezenas de mortos entre 8 e 13 de agosto de 2015, na região Metropolitana de São Paulo. A motivação: vingança pelas mortes de dois agentes enquanto faziam bicos de segurança em comércios da região. Nenhuma das vítimas tinha qualquer relação com o objeto da vingança.

O principal ataque ocorreu no Bar do Juvenal, no Jardim Munhoz Júnior, na divisa entre Osasco e Barueri. Ali, dez pessoas foram baleadas. Todas morreram, oito delas na hora. Uma punição coletiva: uma comunidade inteira atormentada pela suspeita de que dali teriam saído os jovens responsáveis pela morte dos policiais-seguranças.

Fernando Luís de Paula perdeu a vida no Bar do Juvenal. Vivia um dia normal aos 34 anos. Tinha acabado de terminar a pintura da casa de sua mãe, Dona Zilda, que, após tantas batalhas, finalmente se estabelecia em sua moradia própria.

Quando criança, Dona Zilda morou nas garagens e *quartinhos de empregada* das casas em que sua mãe trabalhava. Trabalhou desde muito cedo e, quando cresceu, não sendo mais aceita nessas casas, foi morar na rua. Aos poucos, foi conseguindo empregos e tentou reunir a família alugando uma casa na Brasilândia – mas não deu certo. Morou com sua mãe de Santo, conheceu o samba e o homem com quem se casaria e teria seu único filho. Mas ele era ciumento e agressivo; a separação, após muita luta, deixou-a sem ter para onde ir. Juntou os cacos, pediu ajuda aos orixás e aos patrões, e lutou mais um pouco até conseguir sua moradia, ainda que na favela, na periferia da região metropolitana.

Naquele 13 de agosto de 2015, Fernando terminava a pintura da casa. Feliz em ver o filho centrado, trabalhando e cuidando da família, Dona Zilda esperou que ele saísse do banho e lhe deu um dinheiro para cortar o cabelo. Ele agradeceu e saiu, viela abaixo. O bar do Juvenal era ali do lado. Praticamente o "bar da esquina". Não se sabe exatamente o que aconteceu. Provavelmente, Fernando viu algum conhecido, parou para tomar uma cerveja ou só para trocar uma ideia, quando, naquele exato momento, chegaram os agentes de segurança encapuzados e lhe desferiram um tiro no rosto.

A crueza dessa aleatoriedade – a de viver um dia comum até não viver mais – desencadeia uma série de outros acontecimentos. Inicialmente, uma cobertura midiática que busca "passagens pela polícia" das vítimas, enquanto mães e familiares se conhecem em delegacias e filas do Instituto Médico Legal, decidindo formar a Associação 13 de Agosto, para protestar pela memória dos seus. Começam as investigações, depois os julgamentos e, no final das contas, dois policiais são condenados a penas centenárias, enquanto outros dois, tidos como mentores da matança pela promotoria, são absolvidos. E lá se vão mais de dez anos...

O livro que você tem em mãos reúne uma série de artigos, resultado de pesquisas acadêmicas ligadas à Universidade Federal de São Paulo (Unifesp), sobre a crueza e a aleatoriedade descritas nesta breve apresentação. Trabalhos que buscam entender as razões pelas quais ocorreu esse episódio, e tantos outros semelhantes; e trabalhos que relatam o acompanhamento da Associação 13 de Agosto ao longo dos anos por pesquisadores de diferentes áreas e grupos.

Dividida em sete trechos, a obra é organizada pelo LASInTec – Laboratório de Análise em Segurança Internacional e Tecnologias de Monitoramento da Escola Paulista de Política, Economia e Negócios (Eppen) da Unifesp, *campus* Osasco. Trata-se de um dos grupos de pesquisa e extensão que vem fazendo o acompanhamento das atividades da Associação 13 de Agosto e produzindo análises sobre a Chacina de Osasco e Barueri.

No primeiro trecho, *Memória como resistência e chacina como política pública: o caso das execuções policiais na Chacina de Osasco e Barueri*, os professores Acácio Augusto e Joana Barros, coordenadores do LASInTec-Unifesp e organizadores da obra, sintetizam diversos aspectos das pesquisas e análises que têm produzido desde 2019 sobre o caso. Desde uma redemocratização marcada nos anos 1980, no âmbito da segurança, pelo progressivo aumento de investimentos no equipamento e expansão das forças de segurança e prisões, mantendo a lógica do combate ao inimigo interno que norteou o regime anterior mas que agora foca no chamado "criminoso comum" e mira as periferias; até a importância de movimentos de mães e familiares de vítimas do Estado, como a Associação 13 de Agosto, nos dias atuais, por serem aqueles que têm coragem de denunciar que essa violência está sistematizada dentro dos marcos da governança democrática. É daí que parte o que o LASInTec vai definir como "lutas anti-segurança".

O segundo trecho, *Abolir a cidade-cativeiro: perspectivas abolicionistas e os estudos urbanos*, foi escrito pela geógrafa e pesquisadora Gabriella De Biaggi, também ligada ao LASInTec. Ao longo do artigo, ela discute como as periferias das grandes cidades brasileiras, em especial as de São Paulo (incluindo sua região metropolitana), foram construídas, física e simbolicamente, como territórios de exclusão e perigo. E isso ocorre em diversas pontas: na própria maneira como se deu a urbanização desses lugares; na atuação da imprensa e da opinião pública, que constroem tal estigma; e na elaboração das políticas públicas de segurança já contaminadas por essa percepção, ou preconceito, acerca dos territórios.

No terceiro trecho, *Quem tem medo da polícia? A cultura do medo e o extermínio das margens*, as pesquisadoras Yasmin Carvalho e Nicole Nascimento aprofundam o debate sobre a presença do Estado nas disputas territoriais das periferias, incluindo a questão da violência policial nessa equação. O artigo resgata o histórico da atuação das forças de segurança, com foco no regime militar de 1964 e, posteriormente, na formação do famoso discurso "bandido bom é bandido morto", demarcando a continuidade democrática da lógica autoritária.

Fabiola Fanti, Ana Clara da Mata e Luzinete Ramos Borges são as autoras do quarto trecho, *Maternidade além da morte: a construção dos movimentos de mães que perderam seus filhos vítimas de violência policial.* No artigo, as pesquisadoras mapeiam dezenas de grupos de mães e familiares de vítimas de crimes de Estado e desenvolvem uma profunda reflexão sobre a importância desses movimentos, não apenas em termos sociopolíticos e de denúncia, mas também como pontos de apoio para que essas próprias mães possam seguir suas vidas em frente.

O quinto trecho, *Amicus curiae sobre a responsabilidade civil do Estado pela Chacina de Osasco e Barueri: um instrumento de intervenção e sua dimensão formativa*, detalha a atuação da Clínica de Direitos Humanos da Unifesp e do Centro de Assistência Jurídica Saracura (CAJU) no apoio à Associação 13 de Agosto, ao longo dos anos, nos tribunais. O artigo é assinado por Carla Osmo, Fernanda Emy Matsuda, Helena Ambiel, Lia Carolina Batista Cintra e Maria Cecília de Araújo Esperti.

Escrito por Alana Moraes, o sexto trecho, *Torna-se cúmplice: pesquisa, luta e a coragem da verdade diante da violência de Estado*, retoma algumas críticas ao estado de coisas expostas nos primeiros trechos, para refletir como o cuidado com a memória dos entes queridos perdidos pela violência estatal é a ferramenta mais eficaz das mães e familiares na lida com essa dor – uma dor que é imensurável para quem não passou por semelhante situação.

Fechando a obra, no sétimo trecho, *Silenciar os mortos, combater os vivos: democracia como exceção continuada por outros meios*, o professor Adalton Marques expõe sua pesquisa sobre o período da redemocratização e analisa como, e quais, são os entulhos da antiga ditadura empresarial-militar mantidos na Nova República, que seguem produzindo episódios como a Chacina de Osasco e Barueri. A crítica aos "entulhos autoritários", apontada por Adalton Marques, é um problema da Sociologia da Violência, cujo remédio é institucional e reformista; "e sonda sinais precursores da guerra ditatorial que ainda se impõem, hoje, nessa nova guerra conduzida *em democracia*".

Este livro é um convite a seguir produzindo essa crítica aos entulhos autoritários e às suas formas contemporâneas de violência e morte; apostando na memória obstinada e na luta sem trégua das mães.

Prefácio

A memória como luto e conflito

Edson Teles

Há diferentes formas de se contar a história de um país. Os estados nacionais sempre escolhem uma história linear, progressiva e com um panteão de heróis nacionais. Essas narrativas estatais glorificam as elites econômicas e sociais e incluem nomes de militares e chefes das forças armadas que foram fundamentais para impor a paz da nação. Não se conta, nestas histórias, da violência e guerra conduzidas para a subjugação dos populares e dos não proprietários.

O silêncio nas narrativas das elites sobre como o povo lidou com os acontecimentos visa a apagar uma outra forma de se contar a história de um país: a história dos massacres e das chacinas. Assim se fundou a república brasileira, com o massacre de Canudos (1897), curiosamente, e para glorificar os feitos militares, esse evento ficou conhecido como a Guerra de Canudos. Do mesmo modo, a democracia pós-ditadura emergiu sob a forma do terror de Estado, com a chacina de Acari (1990) e os massacres do Carandiru (1992), de Eldorado dos Carajás (1996) e o de Maio de 2006.

Em agosto de 2015, a história do Brasil se repetiu e a população periférica, sem cidadania plena e alvo da violência de Estado, assistiu a mais uma chacina: a de Osasco e Barueri. Esse acontecimento trágico e os outros já citados, assim como tantos mais, caracterizam aquilo que o Laboratório de Análise em Segurança Internacional e Tecnologia de Monitoramento (LASInTec), ligado à UNIFESP, tem chamado de "democracia securitária".

Essa forma da política atualiza um modelo de democracia liberal voltado a garantir a expansão da extração de recursos, de humanidade e de valores por parte de grandes corporações e sob a tutela dos Estados nacionais. Sua estratégia consiste em reunir a ideia do democrático, algo desejado e cujo valor histórico sugere ser a melhor forma de organizar as práticas sociais, com o securitário, instituto também desejado pelas populações, mas que funciona como autorização para uma política de morte. Há uma ambiguidade aqui: o democrático e o securitário, reunidos, exercem a função de desfazer os valores de ambos, diluindo-os em algo superior, uma violência supostamente garantidora da paz social.

Em *Memória obstinada*, vemos como as graves violações de direitos normalmente recaem, enquanto problema, e também em sua solução, sobre as vítimas, seus familiares e descendentes. O governo "lava as mãos" e dá crédito à ideia de tragédia circunstancial, como se ela não tivesse causas nem formas de ser evitada. Essa é nossa história.

É com essa lógica, cuja discursividade é ambígua, que se institucionaliza a violência policial como modo de operação e controle daquilo que poderia ser utilizado como outra forma de se contar a história de um país: as revoltas. Imaginar a possibilidade deste tipo de evento, com a cena de populares em sublevação contra o Estado e seus entes terceirizados, tira o sono dos proprietários e das grandes corporações. Esse indivíduo que não se enquadra na sociabilidade de um modelo de sociedade fundado na desigualdade acaba se transformando no inimigo. Uma espécie de inimigo íntimo, pois circula e trabalha em territórios comuns aos membros da elite.

A existência desse outro, o não cidadão, o possível revoltado cuja presença coloca em risco a ordem, sob o signo de ser o inimigo da vida, alimenta o fantasma que irá legitimar a ampliação e a permanência da violência de Estado. E esse processo de permanente autorização – implícita ou explícita – da violência, somente é viável por meio da produção do corpo indesejável. Contra o inimigo tudo é legitimado e, especialmente, a sua morte biológica ou sua eliminação cultural, política e social. A violência institucional seria, aparentemente, limitada pela letra da lei e dedicada a ações emergenciais, temporais e cujo alvo seria o mínimo necessário para manter a ordem. Contudo, em meio às políticas de morte dos estados, a violência tornou-se uma estrutura permanente das democracias securitárias e é sempre ativada, sem limites, contra os considerados inimigos da ordem.

Isso vem ocorrendo desde que a República surgiu como institucionalização de uma relação anterior, mais profunda e mais potente: a "democracia racial" seria a gestão de uma sociedade da "mistura" e da miscigenação, na qual negros e brancos viveriam pacificamente, reconciliando com cordialidade suas feridas do passado. No entanto, nessa nova terra prometida, o povo preto e pobre das periferias seguiu experimentando a ditadura da violência e da precarização.

A "democracia racial" surgiu como um discurso ideológico para se referir às relações entre negros e brancos, sintetizando a ideia de que vivemos em uma sociedade multirracial e de relações étnicas harmônicas. Ganhou reforço em seu aspecto de ideologia nacional durante a ditadura militar (1964-1988), quando se estatizou seu ideal e se criminalizou quem denunciava o racismo. Isso ocorreu concomitantemente às astúcias do racismo à brasileira, que soube construir uma dupla negação: por um lado, negava a existência do racismo e, por outro, fazia com que os negros negassem sua condição ao impor a ideia de que seriam miscigenados. Dessa forma, as diferenças raciais apareciam nos discursos da política institucional e representativa como desigualdades sociais efêmeras, advindas do período da escravidão e em vias de serem ultrapassadas – desde que sem rupturas.

Foi a adesão generalizada a essa ideologia que tornou possível, na transição para a democracia nos anos 1980, manter o aparato repressivo e militarizado das polícias e da segurança pública. A guerra contra o inimigo comunista, no discurso da política de segurança nacional, foi substituída pela criminalização da pobreza, mantendo a lógica do combate e da guerra permanentes. O novo regime democrático, nascido sob a promessa de pacificar as violências do passado, somou-se ao discurso de humanização e modernização das polícias, do sistema carcerário e da segurança pública, investindo ainda mais na militarização do aparato de segurança sob a justificativa de profissionalizar o sistema. O que fez com que a violência estatal continuasse autorizada em democracia foi um pacto racial de produção da morte do corpo negro, consentido pelas principais forças políticas institucionalizadas, seja pela adesão direta, seja pelo silenciamento sobre a questão da violência de Estado.

Se fôssemos fazer um inventário da democracia pós-ditadura teríamos que falar sobre uma história de "duas faces", como nos ensina o filósofo Achille Mbembe: uma visível e outra oculta. Na vertente exibida pelos poderes institucionais, apresenta-se a Constituição Cidadã, de 1988, em consonância com os valores democráticos, as políticas sociais e a alternância de poder, entre outras características. Em seu lado oculto, a democracia busca esconder o racismo, a violência feminicida, o etnocídio contra os povos originários, a covardia miliciana e o genocídio do povo preto e periférico.

Esse lado oculto seria sustentado pela imagem do país de trabalhadores e vagabundos, brancos e negros, civilizados e indígenas, cidadãos de bem e bandidos, homens-mulheres e sexualidades patologizadas. Essas e outras lógicas binárias têm alimentado ideologias que fomentam as violências.

Por fim, é digno de nota o conteúdo mobilizado neste livro. Isto porque a universidade pública brasileira tem passado por transformações importantes nos últimos anos, com a expansão das instituições de ensino superior e da quantidade de vagas. Tal fato permitiu a entrada de sujeitos que nunca tiveram, em suas famílias, indivíduos com oportunidades de acesso à educação. Com isso, o perfil, a demanda e a disputa sobre qual conhecimento será produzido e divulgado se modificaram. As questões raciais, a violência do Estado e as formas de resistência, bem como o estudo de pensadores brasileiros, latino-americanos, afro-brasileiros e africanos ganharam espaço considerável. Os temas relacionados aos direitos humanos passaram a ter uma importância ainda maior, assim como o compromisso da universidade pública com a qualificação da vida e dos direitos. Pesquisas e ações como as realizadas pelo LASInTec se encontram nesse processo de disputa política e de transformação da universidade. São projetos colaborativos com a sociedade civil, no esforço de somar forças com os movimentos sociais para a proteção das camadas mais vulneráveis da população, buscando garantir o seu acesso aos instrumentos e mecanismos de luta por uma vida digna.

No presente livro, desde o texto em que o "caso-chacina" de Osasco e Barueri emerge como "memória-história pública", passando pelo trecho por reparação no sistema jurídico, a violência policial é denunciada ao se reconstituírem as formas de atuação dos movimentos de mães de vítimas do Estado. As análises sobre possibilidades de resistência são mobilizadas pelas ideias de abolicionismo em nossas "cidades-cativeiro" e nas lutas que envolvem a "coragem da verdade" contra a política de "silenciar os mortos" e de "combater os vivos".

É nesse contexto que o livro *Memória obstinada* nos brinda com uma série de artigos analíticos e com dados importantes, no sentido de colaborar para o investimento nos valores críticos diante do projeto violento que se volta contra a maior parte da população brasileira.

MÃES DE
LETÍCIA
FERNANDO
ADALBERTO

"Agora é João Campestrini, mas na época acho que era Escola Jardim Munhoz Júnior, alguma coisa. Agora eu sei que é João Campestrini. E a gente brincava bastante aqui na rua, porque a rua não era asfalto, não passava ônibus, então era o dia todo na rua jogando queimada, né? Male mal limpava a casa correndo, aí chamava as vizinhas, assim, aí a gente fazia isso: a gente ia na casa de uma, limpava tudo, depois ia na casa da outra também fazer aquele mutirão, e depois ia brincar"

– Cida

Memória como resistência e chacina como política pública: o caso das execuções policiais na Chacina de Osasco e Barueri em 2015

Acácio Augusto e Joana Barros

Mas pode ser que sim, que a verdade e a justiça
que vocês e que nós todos, todas, todoas buscamos possa ser obtida
graças à dádiva de um líder rodeado por pessoas tão inteligentes quanto ele,
um salvador, um amo, um chefe, um patrão, um pastor, um governante,
e tudo isso mediante um esforço mínimo, uma cédula numa urna, um tuíte,
uma aparição na marcha, no comício, na lista de afiliados...
ou calando frente a essa farsa que simula interesse patriótico
onde não há nada além de sede de Poder.
(...)
O que nós, zapatistas, aprendemos, é que não.
Aprendemos que de cima vêm apenas a exploração,
o roubo, a repressão, o desprezo. Isto é, de cima só chega dor.
E lá de cima eles demandam, exigem que você os siga.
Porque você deve a eles que a sua dor seja mundialmente conhecida,
deve a eles as praças repletas, ruas cheias de cor e engenho.
Deve a eles o trabalho da polícia cidadã que realizaram,
identificando, perseguindo e satanizando
os 'anarco-infiltrados-credo-que-horror'.
Deve a eles as manifestações bem-comportadas,
as matérias jornalísticas, as fotos coloridas,
as resenhas favoráveis e as entrevistas.

– Subcomandante Galeano,
"O muro e a fenda: primeira nota sobre método zapatista",
México, 3 de maio de 2015.

Este texto é uma notícia analítica sobre o projeto de pesquisa e extensão feito em parceria entre o Laboratório de Análise em Segurança Internacional e Tecnologias de Monitoramento (LASInTec, EPPEN-Unifesp) e o Centro de Memória Urbana (CMUrb-Unifesp), junto à Associação 13 de Agosto, movimento de mães de Osasco e Barueri. O objetivo do projeto é registrar a memória dessas mães que tiveram os filhos executados em uma ação de um grupo de extermínio composto por policiais (Guarda Metropolitana de Barueri e Polícia Militar do Estado de São Paulo), em agosto de 2015. Temos realizado registros audiovisuais com as mães, levantado material sobre o caso na imprensa e produzido um arquivo multimídia sobre a ação violenta do Estado e sobre a luta dessas mulheres por memória e verdade – que as leva a desconfiar da justiça seja qual for. Essa ação tem possibilitado, como efeito secundário do projeto, por um lado estreitar as relações da cidade de Osasco com o *campus* da EPPEN-UNIFESP, estabelecendo conexões com outras lutas na cidade, em especial no campo das políticas de segurança e da ação policial; e por outro, estreitar as relações internas à universidade, conectando campos e saberes aparentemente apartados e construindo uma perspectiva de formação liberada das formas disciplinares das classificações oficiais: uma perspectiva de formação "indisciplinada".

Tomamos como campo de ação e ponto de partida deste trabalho, realizado de modo contínuo desde 2019, a chacina na Grande São Paulo (Osasco e Barueri) ocorrida em 08 e 13 de agosto de 2015, na qual foram executadas 23 pessoas no total. Até hoje, uma década depois, trata-se da maior chacina do Estado de São Paulo[1] no que se refere ao número de pessoas executadas em uma única ação. Para lidar com essas questões, tanto relativas à chacina quanto aos problemas mais amplos trazidos pelo projeto, dividimos este texto em três movimentos.

1. O trabalho contínuo do LASInTec e do CMUrb junto à Associação 13 de Agosto (grupo criado pelas mães e familiares das pessoas assassinadas na Chacina de Osasco e Barueri de 2015) é feito há mais de cinco anos e gerou uma série de ações e materiais escritos, imagéticos e audiovisuais. Eles podem ser consultados aqui: https://lasintec.unifesp.br e aqui: https://www.centrodememoriaurbana.org/.

No primeiro, o caso-chacina funciona como ancoragem para expor, a partir de um evento específico, as análises desenvolvidas pelo LASInTec sobre as políticas de segurança no Brasil hoje. Exporemos os efeitos da judicialização tanto das condutas quanto das mobilizações sociais, evidenciando como a forma-polícia se tornou a expressão central da política e da cidadania contemporâneas. Essas características compõem a construção do que chamamos de *democracia securitária* no Brasil (Augusto; Wilke, 2019), algo que não é tão recente e independe da alternância de ocupação do governo entre forças políticas à direita e à esquerda, sendo também efeito de uma configuração planetária que não distingue segurança pública de segurança internacional (Cf. Augusto; Rodrigues, 2016), o que coloca todos e cada vivente da terra como virtual alvo das políticas de segurança.

O segundo movimento do texto volta-se aos discursos das mães, em especial à figura de Zilda de Paula, e lida com o material de entrevistas de história oral para a construção de um conjunto de artefatos de memória-história pública elaborados pelo CMUrb: zines contendo relatos das mães de Osasco e Barueri sobre os filhos que perderam, junto às fotos deles, escolhidas por elas; livretos com as histórias de vida de integrantes do movimento; e uma exposição fotográfica sobre as ações da Associação 13 de Agosto em seus 10 anos de existência. O objetivo é mostrar como a luta e a resistência passam menos pelos efeitos espetaculares das manifestações e/ou das pressões jurídicas e disputas no campo do Direito, e mais pela (re)elaboração e construção de uma memória que, por si só, é um campo de batalha e de disputa. Trata-se de uma memória viva, de uma história do presente, que também aponta para uma paradoxal memória do futuro, feita a contrapelo dos acontecimentos trágicos que atravessam as existências comuns e ordinárias dessas mulheres.

Por fim, em um terceiro movimento, elaboramos algumas conclusões derivadas do trabalho com os movimentos de mães, em especial a Associação 13 de Agosto, e, ao mesmo tempo, indicamos o que emerge, em sentido mais amplo, dessa tensão entre políticas de segurança naturalizadas e rotinizadas e a insistência, quase quixotesca, da memória dessas mães, que lutam para manter viva a lembrança do que foi feito com seus filhos e da própria existência desses filhos, arrancados de seu convívio de forma violenta e definitiva.

Este texto foi construído ao longo das atividades no projeto que, como indicado, não está concluído. Por isso, traz registros de momentos diversos ao longo desses cinco anos de trabalho com as mães.

Breve história da Chacina de Osasco e Barueri e do último julgamento

O evento que se tornou a maior chacina da história do Estado de São Paulo ocorreu entre os dias 8 e 13 de agosto de 2015. Uma série de ataques produziu quatro execuções no dia 08, e dezenove no dia 13 de agosto, no bairro Jardim Munhoz Júnior, na fronteira entre duas cidades da região metropolitana.[2] Em Osasco, na rua Antônio Benedito de Ferreira, no bar do Juvenal, dez pessoas foram baleadas e oito morreram. O fato foi gravado por uma câmera de circuito interno do local, que registrou quatro homens mascarados, com pistolas 9 mm em punho, saindo de um carro prata (marca Peugeot 206 e/ou um Renault Sandero) e entrando no bar. Eles ordenaram que todas as pessoas colocassem as mãos na cabeça. Uma pessoa foi morta na Rua Cuiabá; quatro foram baleadas e uma morta na rua Moacir D'avila; uma outra foi morta na Rua Eurico da Cruz; duas foram baleadas na rua Suzano – uma sobreviveu e a

2. No processo penal do caso e nas notícias, o número de pessoas executadas varia, mas nossos levantamentos e sistematizações que cruzaram depoimento das mães, notícias da imprensa e processo penal, chegaram ao número de 23 executados. Para os diversos textos em torno da ação e alguns vídeos produzidos pelo projeto, além de uma lista com notícias sobre chacina, ver: https://lasintec.unifesp.br/produ%C3%A7%C3%B5es/projeto-de-extens%C3%A3o.

outra morreu. Mais duas pessoas foram atingidas, e uma delas morta, na rua Vitantônio d'Abril; outra foi assassinada na rua Sud Menucci e mais duas na rua Astor Palamin. Em Barueri, ocorreram dois assassinatos na rua Irene e uma pessoa foi morta na rua Carlos Lacerda.

Outras seis mortes haviam ocorrido na semana anterior, em Carapicuíba, evento que foi chamado pela imprensa de "pré-chacina", devido às semelhanças com as execuções do dia 13 de agosto e à presença do mesmo carro prata. Ao final, esses assassinatos entraram como parte, ou etapa, da Chacina de Osasco e Barueri. A região que inclui a zona noroeste da cidade de São Paulo e cidades do entorno, como Caieiras, Osasco, Barueri, Santana de Parnaíba e Cajamar, há décadas é notabilizada pela violência de uma forma geral e apontada como região que abriga os batalhões da Polícia Militar (PM) mais violentos do Estado, com atuação da Força Tática, do Batalhão de Ações Especiais da Polícia (BAEP) e do Primeiro Batalhão da PM, as Rondas Ostensivas Tobias de Aguiar (ROTA).

Há muitas versões sobre o ocorrido e sobre quem foram todos os autores envolvidos e quais foram as motivações da histórica sequência de mortes. A versão genérica é a de que se tratou de vingança ampliada em reação à morte de dois policiais e demonstração de força local feita por um grupo de policiais que fazia bicos de segurança em comércios da região. No entanto, a controvérsia maior gira em torno da ação no bar do Juvenal, que fica na fronteira entre os bairros do Jardim Munhoz Júnior (Osasco) e do Mutinga (Barueri), pois não há evidências de que as pessoas baleadas tivessem qualquer envolvimento com "atividades criminosas".[3] As ações dos ocupantes do carro prata foram claramente deliberadas e buscaram produzir um efeito de poder e medo nos bairros. À época, a hipótese da investigação de

3. Segundo a própria Polícia Civil do Estado de São Paulo, dos 19 executados no Jardim Munhoz Júnior, 12 não tinham passagem pela polícia. Seis deles possuíam registros criminais, sem qualquer relação com o caso. De qualquer maneira, o fato de terem passado pelo sistema de justiça criminal não deveria ser motivo para se tornarem alvo de ações (para) policiais letais.

que os homens encapuzados no carro prata seriam policiais surgiu a partir da análise das imagens registradas na câmera de circuito interno do bar do Juvenal, pois a forma de ação, abordagem e execução eram típicas de quem havia recebido treinamento do Estado para isso.

Não é objetivo deste capítulo, nem do projeto de extensão junto às mães, disputar a verdade jurídica sobre o caso. Interessa-nos a mobilização social em torno dele e a tensão entre as políticas de segurança e a construção de uma memória como resistência a essa política.

Nosso trabalho com a Associação 13 de Agosto iniciou-se no final de 2019. Portanto, ele foi rapidamente atingido pelas restrições de deslocamento e reunião de pessoas da pandemia de COVID-19, declarada pela OMS em março de 2020. Mas o trabalho, apesar de dificultado, não foi paralisado: mantivemos as conversas com o movimento de mães e conseguimos realizar algumas reuniões tomando as devidas precauções. O caso ainda corria na justiça, pois parte do julgamento havia sido anulado e dois policiais acusados de envolvimento na chacina estavam detidos, aguardando novo julgamento por júri popular.

Foi nesse contexto que, em fevereiro de 2021, ocorreu em Osasco o segundo julgamento do cabo da Polícia Militar, Victor Cristilder Silva Santos – que estava no presídio militar Romão Gomes, na zona norte de São Paulo –, e do guarda-civil municipal de Barueri, Sérgio Manhanhã, ambos acusados de envolvimento na chacina. Segundo a tese da acusação, ambos teriam atuado como planejadores das execuções. Em 2018, três anos após o episódio em Osasco, os policiais haviam sido julgados, condenados e presos, com penas superiores a 110 anos pelos homicídios e tentativas de homicídio. As condenações se basearam em trocas de mensagens por celular entre os dois policiais. No entanto, o advogado de Victor e Sérgio, João Campanini, conseguiu a anulação dos julgamentos por meio de recurso ao Tribunal de Justiça. Para os outros dois policiais militares também acusados e condenados no processo, o soldado da ROTA , Fabrício Eleutério, e o cabo do 42º Batalhão da

Força Tática, Thiago Henklain, a condenação do júri foi mantida pelo Tribunal de Justiça.

No novo julgamento, Victor e Sérgio conseguiram a absolvição, resultado que reverteu a condenação anterior, mesmo com provas indicando sua participação, se não diretamente nas execuções, ao menos no planejamento da chacina. Em 4 de maio de 2023, após pedido de recurso junto ao governador Tarcísio de Freitas, o Diário Oficial do Estado de São Paulo publica a reintegração de Victor Cristilder Silva Santos à corporação da PM. Assim, hoje, ele se encontra ativo na corporação, trabalhando como integrante das forças policiais militares do Estado de São Paulo.

Voltando à chacina. Por mais que não tenha sido uma operação oficial das forças de segurança do Estado, o episódio e seus desdobramentos jurídicos mostram como a produção da violência no Brasil conecta legalidade e ilegalidade, dando continuidade ao extermínio fundante da sociedade brasileira operado pelo racismo de Estado.[4] Após a chacina, compôs-se uma reunião de mulheres para acompanhar os processos jurídicos seguintes ao episódio. São as mães, irmãs, parceiras amorosas e amigas dos mortos e feridos na chacina: mulheres, em sua maioria, negras e moradoras de favelas que se organizaram para promover manifestações ao longo do processo judicial, sempre chamando atenção à extrema violência do episódio que massacrou suas pessoas queridas.

Tais manifestações, porém, foram utilizadas pela defesa dos réus, no segundo julgamento, para deslegitimar o argumento acusatório ao indicar um conteúdo político nelas – como se as execuções também não o fossem. A defesa dos policiais indicou, sobretudo, a relação de Zilda Maria de Paula, uma das Mães de Osasco e Barueri, com jornalistas e outros movimentos de mães de pessoas executadas por agentes do Estado, tentando deslegitimar suas falas no tribunal do júri. A tese da defesa era a de que, em

4. Entendemos por "racismo de Estado" o corte que permite a um poder que se ocupa da vida, matar, conforme elaboração de Michel Foucault (1999).

nome de dar uma resposta à sociedade sobre o episódio, condenavam-se dois inocentes: Victor e Sérgio. A defesa dos réus argumentou que a troca de mensagens, extraída do celular de um deles pela perícia, não se referia ao planejamento da ação, mas ao empréstimo de livros sobre Direito Administrativo.

Durante o júri do segundo julgamento, os advogados dos réus, liderados por João Carlos Campanini, utilizaram um vídeo calunioso em que a ex-promotora do Ministério Público de São Paulo, Ana Maria Molinari, vinculava as Mães de Maio ao Primeiro Comando da Capital (PCC).

A organização Mães de Maio é composta por mães e familiares de parte das centenas de pessoas executadas em maio de 2006, em uma sequência de ataques operados arbitrariamente por agentes de segurança no Estado de São Paulo, durante uma semana que ficou conhecida como "Salve Geral". Esse "salve", dado pelo PCC em 2006, consistia em ataques a viaturas e postos policiais, como reação ao que vinha ocorrendo no interior dos presídios paulistas. O episódio marca a saída da chamada organização criminosa dos presídios e o início de sua atuação em diversos bairros da capital e de outras cidades do estado, chegando hoje a uma atuação nacional e internacional. No entanto, a reação das forças de segurança paulistas foi uma sequência de execuções, mais ou menos aleatórias, que colocava todo alvo da polícia na conta do PCC. Assim, na semana do Dia das Mães, em maio de 2006, foram produzidos mais de 500 cadáveres, previamente julgados como criminosos integrantes da facção. O Movimento Mães de Maio tem como objetivo lutar pela memória desse episódio e dos filhos executados durante essa semana trágica que marcou dias de terror na capital e em várias cidades do estado. Essas mães, portanto, não possuem ligação com o chamado "crime organizado"; mobilizaram-se e continuam, até hoje, em busca de respostas para as mortes produzidas pelas forças de segurança, em especial pela PM de São Paulo.

O que a defesa dos dois policiais no segundo julgamento da Chacina de Osasco fez, portanto, foi adotar a mesma estratégia da promotora no caso das Mães de Maio: desqualificar os movimentos de familiares, sugerir interesses escusos por trás das mobilizações e associar as pessoas executadas e seus familiares ao chamado crime organizado. O mais importante a se notar sobre isso, para os objetivos deste capítulo, é que essa estratégia funcionou. A tese de envolvimento do movimento de familiares com o crime organizado foi o fio condutor da defesa dos policiais que, como atesta a absolvição, convenceu o júri popular de que eles eram inocentes. Isso mostra que a judicialização das relações sociais e a busca por segurança moldaram o entendimento dos acontecimentos antes e para além de sua formalização na burocracia estatal, em especial no sistema de justiça criminal. A tese de envolvimento dos movimentos de mães com o chamado crime organizado, embora tenha sido o objeto técnico da absolvição de Sérgio e Victor, é mobilizada pela defesa para sugerir ao júri que, ainda que eles não fossem inocentes e tivessem participado das execuções, estas teriam sido justas, pois os mortos seriam criminosos.

A absolvição de dois dos réus ao final do julgamento nos dá mais uma amostra de como opera a violência de Estado no Brasil: amplia os alvos da violência racionalizada para dar continuidade aos massacres cotidianos que, repetidamente, aumentam os registros da guerra travada em meio à paz civil inscrita pela Constituição de 1988. Com o auxílio dos dispositivos jurídicos do Estado democrático, recompõem-se o traço marcante de uma democracia assassina, que ainda visa anular focos de resistência operados por mulheres por meio da criminalização de suas mobilizações e existência. O que sugere que a aposta em estratégias de mobilização do movimento de mães, que visam atuar no âmbito da justiça criminal buscando, por exemplo, a punição dos assassinos de seus filhos, mostra-se ineficaz e frustrante, além de se configurar como uma espécie de armadilha do poder punitivo, que enreda os familiares e o movimento de mães na mesma trama jurídica que produziu as execuções.

Todo crime é político. Toda execução é política. Todo julgamento é político. Ninguém é inocente.

Por isso, passamos ao segundo ponto deste artigo, que visa expor como o arco completo descrito até aqui, das execuções à absolvição dos policiais, se insere num contexto nacional e planetário de democracias nas quais a política está colonizada pela segurança, e a atuação cidadã assume a forma de uma conduta policial. Assim, os controles policiais elásticos que acionam as judicializações (formais e informais) envolvem tanto as ações violentas de governo das condutas, praticadas das corporações policiais aos grupos parapoliciais e facciosos, quanto as reivindicações por justiça nos tribunais. Esse quadro elástico do arco de governo contemporâneo traça o que chamamos de *democracia securitária*. A segunda parte, que expõe a memória das mães de Osasco, é o ruído que defendemos ser o discurso mais potente de resistência a essa forma policial das democracias contemporâneas.

As políticas de segurança: judicialização da vida e cidadania policial

A segurança, hoje, é a via pela qual as políticas autoritárias de governo e os desejos neofascistas de cidadãos se efetivam e se operacionalizam. Em termos planetários, há uma colonização da política pela segurança, o que leva à nossa hipótese de trabalho no LASInTec: a constituição contemporânea de *democracias securitárias* (Boletins LASInTec, 2020). No entanto, essa colonização não se inicia com a ascensão dos governos de extrema-direita na segunda década do século XXI. Desde a emergência do consenso planetário em torno da democracia liberal no capitalismo, nos anos 1990, essa colonização da política pela segurança já se manifestava em práticas de governos democráticos, tanto de direita quanto de esquerda, em ao menos três dimensões:

A primeira delas diz respeito às "novas guerras" (Kaldor, 1999), em suas formas diversas, como "guerra de baixa intensidade", "guerra preventiva", "guerras de 4ª geração", "estados de violência" e a versão institucionalizada na Organização das Nações Unidas (ONU) como "intervenções humanitárias", reguladas pela "responsabilidade de proteger" (R2P) e pela "responsabilidade ao proteger" (RwP).

A segunda dimensão toma corpo através dos programas de segurança pública, como o Tolerância Zero, inventado pela prefeitura republicana de Nova Iorque, liderada por Rudolph Giuliani, e replicado por partidos trabalhistas e social-democratas na Europa e América Latina (Wacquant, 2001), junto às políticas de superencarceramento. Além de operarem como formas de gestão punitiva da pobreza e dos pobres por meio da judicialização e do emprego ostensivo de forças de segurança, essas políticas transformam a segurança em um negócio lucrativo e em expansão, com impacto nas economias nacionais tão significativo quanto o dos gulags na antiga URSS (Christie, 1998; Gilmore, 2024).

E, por fim, a terceira dimensão refere-se às formas de militarização urbana voltadas para o combate ao "terrorismo" no hemisfério norte e ao "tráfico de drogas" no hemisfério sul, dando forma ao vigilantismo securitário da cidade neoliberal (Firmino, 2018) e ao "novo urbanismo militar" (Graham, 2016). Nos chamados países emergentes, ou do Sul Global (como se convencionou chamar hoje), a realização de megaeventos operou como forma de expansão da militarização urbana, com o envolvimento direto e ostensivo das forças armadas em tarefas de vigilância, além de, também, funcionar como ramo lucrativo da "indústria do controle do crime" (Christie, 1998) e da "cultura do controle" (Garland, 2008).

Essas três dimensões, seguindo um traço marcante da racionalidade neoliberal, que opera na produção de um *enforcement of law*[5] como quadro jurídico para que os

5. [N. da R.] *Enforcement of law* designa mais do que a simples "aplicação da lei". No contexto neoliberal, o termo evoca o aparato jurídico-policial de coerção e controle social que garante a concorrência e a obediência às normas do mercado.

sujeitos compitam de forma segura, atravessam governos de esquerda e de direita. Seja no plano nacional ou internacional, elas se colocam desde os anos 1970 em associação com os direitos humanos e as políticas de desenvolvimento humano alinhadas aos programas da ONU. No entanto, o Brasil viveu, durante os anos de governo do Partido dos Trabalhadores (PT) – chamado de lulismo –, uma expansão sem precedentes das políticas de segurança. Embora a história dessa expansão possa ser traçada desde a chamada abertura democrática, compondo a genealogia do que Adalton Marques (2018a) denomina "tríptico segurança pública, democracia e direitos humanos", há traços singulares de expansão securitária entre os anos de 2002 a 2016, mesmo quando consideradas apenas as políticas federais.

Diante do que temos acompanhado junto às mães de Osasco e Barueri, interessa-nos apontar alguns momentos-chave da construção dessas políticas de segurança, sobretudo em torno do nexo entre segurança e desenvolvimento[6], voltadas tanto à segurança interna (políticas de segurança pública) quanto à segurança externa (investimentos em políticas de Defesa). Com isso, sugere-se que, no campo das políticas de segurança, há mais continuidades do que rupturas nas recentes alternâncias, a despeito do que a mídia e uma certa literatura especializada chamam de polarização. Ao menos no que se refere às políticas de segurança, essa polarização não existe para além de efeitos retóricos. Isso sugere um arco mais longo para o que compreendemos como *democracia securitária*. Essa dobra autoritária da democracia no Brasil se dá desde a chamada abertura democrática, com intensificação na era Lula, em seus primeiros mandatos. Para ficarmos em uma infeliz coincidência da política nacional, o paladino jurídico da chamada resistência à tentativa de golpe em janeiro de 2022, ministro Alexandre de Moraes, foi Secretário de Segurança Pública de São Paulo, no governo liderado pelo atual vice-presidente, Geraldo Alckmin.

6. Sobre este ponto, ver Rodrigues, Maciel e Mendonça (2021).

O governo Lula, desde o início, pensou seus planos de segurança em nível federal subsidiados pela produção acadêmica da sociologia da violência, que a socióloga Vera Malaguti denominou "sociologia colaboracionista", conforme mostra a pesquisa de doutorado de Adalton Marques (2018a). Nesse sentido, a criação de instâncias de participação em vários níveis e a promoção de fóruns federais de direitos humanos, ao contrário de conter o crescimento de cadeias, a expansão de forças policiais e o aumento ostensivo do acionamento das forças armadas, legitimou e abriu espaço para a expansão securitária. A produção de programas de segurança contou com a colaboração ativa de setores universitários, em especial da Ciência Política e da Sociologia, com destaque para o sociólogo carioca Luiz Eduardo Bento de Mello Soares, que trabalhou na elaboração do programa de segurança pública do então candidato Lula, em 2002, e ocupou a Secretaria Nacional de Segurança Pública em 2003, tendo papel decisivo na criação da Força Nacional de Segurança.

No que se refere ao emprego interno das Forças Armadas, as GLOs (Garantias de Lei e Ordem) são o principal dispositivo, previstas pelo artigo 142 da Constituição Federal. Em geral, as GLOs eram acionadas para segurança de grandes eventos, como na Conferência das Nações Unidas sobre o Meio Ambiente e Desenvolvimento, em 1992 (RIO-92), ou para contenção durante crises de segurança pública nos estados, como motins das polícias militares e civis.

No entanto, a partir de 2011, especialmente nos anos Dilma, as GLOs passaram a ser acionadas de forma quase regular, inclusive com a transferência de expertise militar acumulada pelo exército brasileiro em sua participação, desde 2004, na Missão das Nações Unidas para a Estabilização no Haiti (MINUSTAH). Essa transferência e apoio do exército já vinham ocorrendo desde 2008, com a instalação das Unidade de Polícia Pacificadora (UPPs), mas se intensificaram com a realização dos megaeventos a partir de 2013. O Brasil foi anfitrião de um conjunto de megaeventos nos anos seguintes: Jornada Mundial da

Juventude (2013), Copa das Confederações (2013), Copa do Mundo (2014), Tomorrowland (2015) (180.000 entradas) e Olimpíadas (2016). Para isso, foi criada a maior operação de segurança integrada da história do país: mais de 85 mil profissionais (38 mil das Forças Armadas e 47,5 mil profissionais de segurança pública). Além disso, foram mobilizados 9.613 profissionais das forças nacionais e 1.734 agentes prisionais, responsáveis pela realização de revistas e detecção de metais nas entradas dos locais de competição. Em meio a essa hiperativação de operações de segurança para os megaeventos houve, em 2014, a Ocupação Militar do Complexo da Maré, no Rio de Janeiro, com a participação de 2,7 mil homens do Exército, em contrato firmado com o Ministério da Defesa, então sob o comando de Celso Amorim, no Palácio Duque de Caxias, sede do Comando Militar do Leste (CML). Estiveram presentes também o então ministro da Justiça, José Eduardo Cardozo, e o governador do Rio de Janeiro, Luiz Fernando Pezão, além do comandante do CML, general Francisco Carlos Moderno.

Além da presença militar ostensiva, essas mobilizações para a garantia dos megaeventos tiveram impacto na legislação brasileira, com destaque para a criação da Lei 13.260/2016, conhecida como Lei Antiterrorismo, que custou caro aos cofres federais. Segundo o Portal Brasil (BRASIL, 2015), o investimento em ações de Defesa chegou às cifras de "cerca de R$ 580 milhões divididos em três anos – 2014 (R$ 275 milhões), 2015 (R$ 199 milhões) e 2016 (R$ 106 milhões) – para modernização de sistemas, ampliação da rede de comunicação digital e aquisição de equipamentos, especialmente para prevenção a incidentes químicos, biológicos, nucleares e radiológicos e para defesa cibernética".[7]

No que se refere à política penitenciária da era lulista, cabe recordar as diversas pressões em relação ao sistema

7. Ver em: BRASIL. *Rio 2016 terá a maior operação de segurança integrada da história do país.* Portal Brasil 2016, 30 jul. 2015. Disponível em: http://memoriadasolimpiadas.rb.gov.br.

penitenciário, divididas em duas frentes: 1) O controle e isolamento dos chefes das chamadas facções criminosas, com o forte apelo midiático em figuras como Nem, Playboy e Fernandinho Beira-Mar, no Rio de Janeiro, e Marcola e Gegê do Mangue, em São Paulo; 2) A superlotação carcerária, com imagens de cadeias lotadas e pressão, nacional e internacional, de diversas associações da sociedade civil e instâncias supranacionais, como a Comissão Interamericana de Direitos Humanos (CIDH), diante das violações de direitos humanos nas penitenciárias – chamadas, pelos próprios integrantes do governo e do poder judiciário, de masmorras. Diante dessa situação, o Supremo Tribunal Federal chegou a declarar estado de inconstitucionalidade nas prisões brasileiras (Malvezzi Filho, 2021).

A essa dupla pressão, a resposta não foi no sentido de diminuir a massa carcerária, mas de construir presídios federais de segurança máxima e liberar verbas federais para que os estados ofertassem mais vagas para presos. A prisão, além de exercer função de controle social, é também um grande negócio. Assim, quando Lula assume a presidência da República, em 2002, havia 232 mil pessoas encarceradas no Brasil; em 2008, esse número sobe para 420 mil, aproximadamente. Em 2014, quando Dilma é reeleita, a população carcerária em presídios federais e estaduais alcança a marca de 607.731 pessoas. Hoje, esse número chega a quase 900 mil, impulsionado pela desastrosa nova Lei de Drogas (Lei nº 11.343/2006), criada no começo do segundo mandato de Lula sob o pretexto de despenalizar os usuários, mas produzindo, de fato, uma ampliação das prisões por tráfico de drogas, segundo a discricionariedade do policial que faz a apreensão. O alvo principal, como se sabe, são homens jovens, negros e pobres, habitantes dos bairros de periferia. Contudo, há um acréscimo: diante da nova Lei de Drogas, o encarceramento feminino tem aumentado devido ao entendimento policial e jurídico de que os detidos sob acusação de tráfico entregam seus negócios (as chamadas "lojas" ou "biqueiras") às mães e esposas (Jozino, 2008). Esse crescimento foi superior a 500% entre os anos 2000 e 2020. A lotação das prisões segue em curva ascendente, sustentada pela mesma lógica de combatê-la com a criação de mais vagas.

Em 2007, o Ministério da Justiça, por meio da Lei nº11.530/07, cria o Programa Nacional de Segurança Pública com Cidadania (PRONASCI), que, no texto, contrapõe políticas sociais às políticas de segurança, mas, na prática, faz ambas funcionarem de forma complementar, tomando como alvo as parcelas da população ditas vulneráveis – leia-se, pobres. Alinhado aos programas de estudos planetários de segurança cidadã para a promoção da cultura de paz, segundo o léxico da ONU, o PRONASCI foi definido pelo então ministro da Justiça, Tarso Genro, como o PAC da segurança. Segundo Marques (2018a), esse plano define o "vértice do punitivismo desenvolvimentista". Sua análise das diretrizes políticas do Programa está dividida em três grupos centrais, que formam um ciclo expandido de penalizações:

1) As centradas em políticas de prevenção, destacando-se a promoção dos direitos humanos pela intensificação de uma cultura de paz, a criação e fortalecimento de redes sociais e comunitárias, o fortalecimento dos conselhos tutelares, a promoção da segurança e da convivência pacífica e a garantia do acesso à justiça, especialmente em territórios vulneráveis;

2) As centradas em políticas prisionais, desde a modernização das instituições de segurança pública e do sistema prisional à participação de jovens e adolescentes, de egressos do sistema prisional, de famílias expostas à violência urbana e de mulheres em situação de violência;

3) As centradas em políticas de inclusão, tendo como exemplo a participação de jovens e adolescentes em situação de "vulnerabilidade social" e de moradores de rua, em programas educativos e profissionalizantes voltados à ressocialização e reintegração à família; a promoção de estudos, pesquisas e indicadores sobre a violência que considerem as dimensões de gênero, étnicas, raciais, geracionais e de orientação sexual; a ressocialização dos indivíduos que

cumprem penas privativas de liberdade e egressos do sistema prisional, mediante implementação de projetos educativos, esportivos e profissionalizantes.

Eis o nexo entre segurança e desenvolvimento que marca a era do lulismo e configura uma cidadania policial. Isso mostra que não há uma ênfase deste ou daquele governo, para além dos efeitos retóricos e de um léxico apoiado na linguagem da ONU, mas uma política regular moldada pela "isca por segurança", que não se contradiz com a democracia e com a defesa dos direitos humanos – pelo contrário, se realiza por meio delas e, em nome do desenvolvimento humano, produz uma "paz cidadã" de forma extremamente violenta e operada por um dispositivo de segurança policial que atua para além das instituições de repressão formais.

Em outubro de 2018, ocorreram as eleições majoritárias no Brasil. O candidato vencedor, Jair Bolsonaro, ex-capitão do Exército e até então obscuro parlamentar pelo Estado do Rio de Janeiro, foi eleito com cerca de 58 milhões de votos. Sua campanha, pode-se dizer, começou desde o processo de impeachment de Dilma Rousseff – no qual seu voto a favor foi feito em homenagem a um notório torturador da ditadura civil-militar. Sua campanha, fortemente baseada nas redes sociais digitais e com ativa participação de apoiadores, além da retórica anticomunista e dos costumes conservadores, teve como tema central a segurança pública, a caça aos criminosos e a defesa do que ele definia como "cidadão de bem". Além disso, prometeu criminalizar movimentos sociais, acusando-os de terrorismo e garantindo-lhes tratamento análogo ao da ditadura civil-militar que vigorou entre 1964 e 1985. Com cerca de 6 meses de mandato, diante de um massacre de 62 presos em uma penitenciária do Pará, no Norte do país, declarou que, em seu governo, "bandidos" iriam "morrer como baratas na rua".

A despeito das contestações de militantes e políticos da oposição ao processo de crescimento e ocupação do governo pela extrema direita no país, três fatos em torno dos episódios sucintamente contados aqui são relevantes para a hipótese de constituição de uma democracia securitária: 1) O processo de impeachment, mesmo passível de contestações, seguiu as regras constitucionais, da mesma maneira que a intervenção federal militarizada na pasta de segurança pública do Rio de Janeiro estava prevista na Constituição; 2) Mesmo sendo perpetrada por grupos paramilitares, a execução de Marielle Franco despertou uma indignação efêmera e localizada, e a investigação seguiu os trâmites regulares de um inquérito criminal; e 3) Ainda que tivesse fortes traços antidemocráticos, autoritários e violentos, e uma equipe ministerial majoritariamente composta por militares, Bolsonaro foi eleito democraticamente pelo voto popular e, mesmo em meio a tentativas de suspensão da ordem constitucional, esta seguiu em vigor, provocando o extremo ativismo nos chamados setores da sociedade civil organizada e no Supremo Tribunal Federal, e fortalecendo a crença nas medidas de segurança e na necessidade de judicialização das ações sociais e políticas.[8]

Esses elementos indicam que, embora o Brasil estivesse sob uma situação de autoritarismo, ainda poderia ser classificado como democrático. Mais do que isso, eles expressam uma vontade de segurança da maioria dos cidadãos brasileiros, como se o cidadão-polícia finalmente se visse espelhado no governo federal. Isso foi mais verdade no governo Bolsonaro, mas também se expressa no terceiro governo Lula, a partir de 2023. Pois, ainda que haja diferenças e que a busca por segurança e centralidade do poder jurídico varie em termos de motivação e retórica, o ativismo jurídico e os controles policiais, acrescidos de tecnologias computo-informacionais, seguem se expandindo e se diversificando, sempre atrelados à conduta cidadã e à defesa da democracia. Ao passo que, mesmo registrando queda nacional nos homicídios desde 2019, as chacinas

8. Sobre esse ativismo judicializante, ver: https://www.academia.edu/113375448/Em_defesa_da_democracia.

policiais e suas operações de segurança seguem produzindo milhares de cadáveres por ano.[9]

Essa condição geral da política brasileira coloca duas questões urgentes aos que prezam pela liberdade para além de seus enquadramentos jurídico-políticos: primeiro, é preciso questionar o consenso planetário em torno da democracia desde os anos 1990; e, segundo, as lutas sociais devem tomar os aparatos securitários (polícia, prisão, tribunal e Forças Armadas) como alvo de suas ações, não mais como efeitos secundários da exploração capitalista e da dominação estatal, mas como lutas anti-segurança que visem desativar os dispositivos de securitização. Diante do sistema de justiça criminal, a abolição penal; diante da busca paranóica por segurança, as táticas de autodefesa. É isso, ou seguiremos girando em falso, de reforma em reforma, sem interromper a contagem dos corpos nas prisões e nos necrotérios.

A conexão entre essas políticas institucionais de segurança no Brasil e a Chacina de Osasco e Barueri não pode ser vista como uma relação entre o macro e o micro da segurança, tampouco como mera coincidência de datas ou personagens da política nacional e local. A chacina é a manifestação imediata dos planos e programas nacionais e planetários que perpetuam e diversificam a matança e o controle e governo das condutas, contando com a participação dos próprios governados. Por isso, a memória não é pensada aqui como uma resistência residual aos processos democráticos de securitização, mas como verdade escandalosa, que expõe para que servem essas políticas de segurança, com seus planos e programas. A construção de um acervo dessas memórias foi a forma encontrada por nosso projeto de extensão para se associar a essa prática de resistência sem tomar o lugar da Associação 13 de Agosto nessa luta. Em outras palavras, é nossa forma de resistir às políticas de segurança desde o nosso espaço dentro da universidade.

---

9. Ver: https://lasintec.unifesp.br/boletins/boletins-antiseguran%C3%A7a/44-boletim-antiseguran%C3%A7a.

Memória em movimento contra a violência de Estado: construção do acervo da Associação 13 de Agosto

> *A memória, todos nós sabemos, é o combustível que nos faz luz e amanhã.*
>
> – Subcomandante insurgente Marcos, 1999

> *Pois diremos a vocês que a memória tenaz dos zapatistas, das zapatistas é totalmente diversa. Ela não preserva apenas aos relatos de dores e raivas passadas, desenhando em seu caderno os mapas de calendário e geografias esquecidos pelos de cima.*
> *(...)*
> *Como zapatistas, nossa memória também avança sobre o porvir. Indica datas e lugares.*
> *Se esse amanhã não tem ainda uma localização geográfica, começamos a juntar galhos, pedrinhas, retalhos de roupa e de carne, ossos e barro, e damos início à construção de uma ilhota, ou melhor, de uma barca cravada no meio do amanhã, em que agora se vislumbra apenas uma tempestade.*
> *E se esse amanhã não tem ainda um horário, um dia, uma semana, um mês, um ano no calendário conhecido, então começamos a reunir frações de segundos, minutos apenas, e filtramos esse tempo pelas fendas que abrimos no muro da história.*
>
> – Subcomandante Galeano (antes Marcos), 2021

Como construir um acervo, um arquivo que se constitui a partir de uma experiência do inominável e da atrocidade? E, portanto, como constituir um arquivo que se constrói a partir de um episódio (cotidiano) de violência de Estado que não seja, ele mesmo, a reificação dessa violência em estado bruto – com perdão do trocadilho – ou ainda da violência e do esmagamento constantes, miúdos e dilacerantes da vida nas áreas pobres da metrópole? Como construir um arquivo que fure o silenciamento ou o "apagamento dos rastros" (Foot Hardman, 1998), marca da nossa história recente...? Ao reunir notas, provas, jornais, retratos e retalhos de chacina, não estamos, ao mesmo tempo, congelando e mantendo insepultos nossos mortos?

A construção de um acervo que reúna e publicize informações sobre esta e outras chacinas parece algo absolutamente necessário, tendo sido pauta de muitos movimentos de familiares de mortos e desaparecidos pelo Estado, especialmente daqueles atingidos diretamente pelos regimes ditatoriais e/ou por suas formas derivadas. Todas essas iniciativas partem da premissa de que não conhecer o passado, as violências, os assassinatos, as torturas, os desaparecimentos perpetrados pelo Estado, é uma forma de reiterar seu *modus operandi*. Diante do constante "apagamento de rastros" característico da história do Brasil, a constituição de arquivos, acervos, repositórios e memoriais sobre as chacinas e outras formas de violência de Estado se apresenta como uma dimensão e uma ação inconteste de resistência e de exposição das violações e violências.

Sob responsabilidade do CMUrb, o grupo de acervo e documentação ficou responsável pela reunião e tratamento arquivístico do material coletado ao longo do trabalho deste projeto, bem como pela construção de um banco de dados de notícias (hemeroteca) sobre a Chacina de Osasco e Barueri. Foram processadas as notícias veiculadas nos principais meios de comunicação, conformando um total de 200 itens disponibilizados para consulta – um banco de dados do desenrolar da chacina, do processo e dos julgamentos.[10] Além disso, está em construção um acervo de entrevistas de história oral, a partir das histórias de vida das mães e familiares das vítimas da chacina. Parte desse acervo foi extrovertido na forma de fanzines (colagens) e distribuída no ato que lembrou os 10 anos da Chacina de Osasco e Barueri, em agosto de 2025.

A coleta desses depoimentos avançou lentamente, encontrando resistência das mães em, "mais uma vez", contarem suas histórias. Essa situação, que aparentemente poderia significar um problema para a pesquisa, ou para a sanha quantitativista que nos ronda e impera na universidade, tornou-se uma questão a partir da qual

10. O levantamento das notícias foi coordenado pela pesquisadora Fabíola Fanti, e o tratamento arquivístico, pela professora Joana Barros. Tanto o levantamento quanto o tratamento foram realizados junto à equipe do projeto e descritos pela documentalista Gabrielle Rodrigues. A hemeroteca pode ser acessada em www.centrodememoriaurbana.org – Acervo Associação 13 de Agosto.

- ou através da qual - alguns elementos do luto e da organização de movimentos de vítimas e familiares foram pensados, problematizados e suportaram nossas reflexões. Tornou-se, sobretudo, um laço entre a equipe de pesquisa e as mães e familiares reunidas na Associação 13 de Agosto. Sustentamos, ao longo de mais de dois anos, esse pedido para que elas contassem suas histórias diante de sua recusa, compreendendo as brechas e lampejos por onde foi possível narrá-las.

A morte dos filhos aparece como o elemento central em dupla dimensão. Por um lado, um ponto comum que as mobilizava e agrupava pessoas que, até a chacina, não se conheciam nem formavam um grupo propriamente, convocando-as a uma face pública em torno de sua tragédia comum e, em decorrência disso, ao aparecimento em atos, manifestações em praça pública e nos julgamentos, e falas e intervenções em mesas de debates.

Essa experiência compartilhada de dor e ausência, bem como o reconhecimento do Estado como responsável pela perda de seus filhos e entes queridos, são traços fundamentais dos movimentos de mães e familiares, como a Associação 13 de Agosto - que as aproximam de outros grupos de mães e familiares e das próprias vítimas-sobreviventes de violência policial. Em suas ações, seja nas datas marcantes/importantes ou no cotidiano de acompanhamento dos processos criminais e civis decorrentes dos assassinatos, essas mães e familiares enfrentam e rememoram a "dívida impagável" do Estado, lidando com a perda e a falta, mas também rememorando os nomes e as vidas daqueles atingidos pelas chacinas, recusando-se a permitir que os mortos sejam convertidos em números frios e indiferenciáveis.

O primeiro momento de contato era sempre de surpresa e de certa recusa, expressas nas mãos cruzadas e apertadas contra a barriga, no corpo meio curvado quando nos aproximávamos, no olhar que se desviava e olhava ao longe quando qualquer uma de nós chegava perto e começava com um convite para a entrevista. Esses pequenos deslocamentos e movimentos de corpo indicavam rapidamente que a recusa já estava dada. A sequência da conversa de aproximação, então, se restabelecia quando seguíamos a dizer que não se tratava de uma conversa sobre a morte do filho perdido e, sim, sobre a história dela mesma, daquela que permanecia viva.

As mãos então se afrouxavam um pouquinho, os olhos abriam uma expressão incrédula e espantada, um tanto a perguntar diretamente sobre a importância de uma vida que havia perdido o sentido diante da morte do filho, misturada com um espanto genuíno diante do nosso interesse por sua vida antes daquela perda.

As aproximações seguiram com troca de telefones, mensagens respondidas de forma evasiva, um misto da vida corrida e cheia de afazeres com uma recusa silenciosa em falar sobre o "evento traumático", sobre as perdas, e assim, reviver essa dor. Somava-se a isso a recusa direta: "eu não aguento mais falar desse dia, é como se eu vivesse tudo de novo... eu não quero falar disso... quando as coisas melhorarem, a gente pode conversar".

A dor de ter um filho morto emergia com força quando as mães se defrontavam com um convite à reflexão sobre a própria vida, numa associação visceral entre a sua existência e a morte do filho. A narrativa, assim, mostrava-se o contrário do que comumente circula neste campo (infelizmente extenso) de trabalhos com as mães de vítimas de violência de Estado, apontando para uma dimensão importante da memória: o *esquecimento*. E nos abria o campo para a discussão sobre o testemunho da barbárie. Sem exagero, nas falas emergia uma posição entranhada de medo e vergonha, mas não exatamente no campo moral, pois não era uma vergonha íntima, mas uma vergonha próxima àquela sentida pelos sobreviventes dos campos, relatada por Primo Levi (1988; 1990) em *É isto um Homem?* e *Afogados e sobreviventes*. Vergonha que nos acomete: a vergonha de viver num mundo, de sobreviver em um lugar onde coisas assim são possíveis, mais que possíveis, banais.

Como testemunhar a barbárie, sobreviver a ela? Como dizer o indizível? Como não se afogar?

Essas aproximações e conversas se mesclaram ao longo desses quase dois anos de trabalho com a Associação 13 de Agosto, com o acompanhamento do processo judicial de condenação e, logo depois, de absolvição dos policiais, e a organização das mães para pedir indenizações e reparações civis pelas mortes e por suas consequências na vida das famílias (como relatado antes aqui). Esse conjunto de acontecimentos conformava um contexto em que a morte dos filhos estava, a todo momento, em questão. As mães, por meio da Associação 13 de Agosto, foram reiteradamente acionadas por jornalistas, técnicos de ONGs, militantes, cineastas, estudantes e pesquisadores acadêmicos para dar declarações e testemunhar sobre a chacina e a violência policial. O que causava incômodo e esgotamento diante da insistência na rememoração.

Algumas atividades eram especialmente difíceis: os julgamentos e os atos no dia 13 de agosto. Nesses momentos, a recusa em narrar suas histórias em primeira pessoa se impunha. Entre uma atividade e outra, nos rostos e nomes estampados nas camisetas e bandeiras, nos depoimentos e pronunciamentos em atividades públicas, as figuras dos filhos amados, dos pais jovens, mas carinhosos e atenciosos, dos trabalhadores e mesmo daqueles "no caminho errado", eram evocadas e suas histórias contadas, reexaminadas de trás pra frente, numa tentativa de demonstrar à sociedade o absurdo daquelas mortes, de dizer o quão brutal e inominável foi, e o é, o assassinato das 23 pessoas naquele agosto de 2015.

Acompanhamos esse movimento e, nessa longa aproximação que antecedeu as entrevistas que fizemos, sustentamos a decisão dessas mães de elaborar o passado, o luto e resguardar a vida sua e de seus filhos, nos limites e termos de suas escolhas. Esse respeito ao silêncio e ao tempo da "palavra de quem rememora" (Paoli, 2025) parecia amalgamar a relação entre os "professores e os meninos da faculdade" e as mães. A recusa era, antes de tudo, um pedido: um tempo para elaborar a tragédia.

O silêncio delas não podia ser entendido como mero empecilho, mas como uma posição a ser respeitada e considerada em nosso trabalho conjunto e como um dado de pesquisa. Afinal, ao lidarmos com histórias de morte e violência como essas, sobretudo em tempos de intensa espetacularização, é necessário um cuidado constante para não reforçar a desumanização dos que se foram, nem submeter as mães a uma violência adicional, obrigando-as a reviver momentos de dor profunda.

Jeanne Marie Gagnebin trata da produção de memória a respeito de episódios de violência extrema. Refletindo a partir da experiência dos sobreviventes dos campos de concentração da Alemanha nazista, Gagnebin (2009) refere-se ao "horror irrepresentável que escapa à linguagem ordinária, a nossas descrições e nossas deduções" (p. 60). Diante desse, para a autora, é preciso "acolher, no próprio movimento de rememoração, essa presença do sofrimento sem palavras nem conceitos que desarticula a vontade de coerência e de sentido de nossos empreendimentos artísticos e reflexivos" (*Ibid.*, p. 78). Ela aponta, assim, para duas necessidades paradoxais: lutar contra o esquecimento e, ao mesmo tempo, contra a representação estetizada, para "não transformar a lembrança do horror em mais um produto cultural a ser consumido" (*Ibid.*, p. 79).

Nessa busca, o caminho que encontramos para produzir uma memória da Associação 13 de Agosto sem reduzir suas integrantes à posição de vítimas, sempre chamadas a falar apenas da chacina e da morte de seus filhos, foi trabalhar com entrevistas de história de vida. Assim, em conversas longas, e no tempo e ritmo de cada uma das entrevistadas, produzimos três longos depoimentos nos quais essas mulheres refletem sobre suas próprias trajetórias. Foram realizadas entrevistas de história de vida com três integrantes da Associação: Zilda Maria de Paula, mãe de Fernando; Antônia Lúcia Gomes da Silva, mãe de Jailton; e Aparecida Gomes da Silva Assunção, mãe de Leandro.

E enquanto este texto vem a público, seguimos com as entrevistas de outras mães: Maria José Lima da Silva, mãe do Rodrigo; Rosa Correia, mãe do Wilker; e outros familiares e amigos das vítimas da chacina. Durante o tempo em que processávamos as notícias e documentos para constituição de parte do acervo, um filme documentário e uma ampla documentação fotográfica de registro das atividades de mobilização em torno da chacina e seus desdobramentos foram produzidos e também incorporados ao acervo Associação 13 de Agosto.

A primeira sessão de conversa com Zilda ilustra bem o processo. Sua inquietação diante da entrevista, revelada no andar frenético pela sala de sua casa, buscando coisas e informações sobre a chacina, cessou quando ela colocou o café na mesa. O gravador já estava ali, na mesa de centro, e ela ouviu mais uma vez da interlocutora: "Quero ouvir sua história, e não a da morte do Fernando". A ansiedade subitamente amainou e ela perguntou: "E eu começo por onde?" – "Pelo começo: quando você nasceu?". E, já com gravador ligado, seguiram-se duas horas de entrevista, depois completadas por mais duas sessões.[11] Essa primeira sessão aconteceu em 2022, quando já se comentava, nos encontros presenciais e no grupo de mensagens das mães, sobre a proximidade da exumação dos corpos dos filhos enterrados em um túmulo coletivo, de propriedade municipal, no Cemitério de Osasco.

As entrevistas foram conduzidas e dirigidas de modo a estabelecer um espaço compartilhado de diálogo sobre a trajetória particular de cada uma, a partir do qual pudemos compreender como o contato com as diversas faces do Estado atravessa a vida dessas mulheres; como a violência e a criminalização são experienciadas em seus cotidianos, tanto em relação às políticas securitárias quanto aos

11. A entrevista com Zilda Maria de Paula foi realizada em três sessões diferentes. Na primeira sessão, a condução da entrevista foi feita por Joana Barros e nas duas seguintes, foram feitas em parceria com Gabriella de Biaggi. As outras duas entrevistas foram feitas entre dezembro de 2023 e maio de 2024.

processos de urbanização que constituem, de forma interligada, os espaços periféricos onde habitam. Procuramos também saber sobre as formas de associativismo das quais elas participaram ao longo de suas vidas e que compõem suas referências políticas, bem como sobre suas estratégias de sobrevivência, formuladas individual e coletivamente.

A exumação dos corpos – ponto de virada? O processo de organização da exumação durou mais de um ano. Inicialmente prevista para agosto de 2023, ela não aconteceu por falta de recursos e pela tramitação burocrática junto à municipalidade de Osasco. A exumação dos corpos foi vivida dolorosamente pelas mães e familiares. Além da dor da perda revisitada, as preocupações sobre o encaminhamento dos corpos, sua situação, seus destinos no cemitério juntos e, sobretudo, a possibilidade de cada um dos seus filhos ter, no ossário, uma identificação com uma placa específica, com o nome e o rosto, movimentaram a vida e as discussões do grupo.

Ao longo de um ano e meio, as questões práticas e de encaminhamento do processo junto à administração do cemitério atravessaram o cotidiano do grupo, misturando a crueza do processo, as diretrizes da administração do cemitério, a incerteza sobre o destino final de seus filhos, a vontade de ter um lugar para levar os restos mortais dos "nossos meninos" – tudo isso embolado no reviver da perda. Povoavam as conversas e preocupações com esse "destino final", a procura por um lugar em segurança, visível e identificado, onde finalmente os filhos pudessem ficar e suas mães pudessem visitar. Chama atenção que, assim como o processo foi discutido no grupo, mesmo que nem todos os corpos tivessem sido enterrados juntos, havia a preocupação de mantê-los reunidos no ossário: se morreram juntos, há entre essas mães, que se mantêm unidas ao longo destes 10 anos, a percepção de que enfrentar a perda coletivamente, manter o grupo, construir novos laços de parentalidade, mesmo a partir de um evento trágico como este, restitui alguma plausibilidade à vida. Mantê-los juntos é reforçar, em alguma medida, esse vínculo que se construiu entre as mães e que as faz suportar a perda. Uma forma de cuidado último para com seus filhos, a exumação parece ter dado contorno a uma percepção difusa entre essas mães que se resumia em uma frase repetida no dia do ritual: "Fizemos tudo o que pudemos por eles; agora, eles têm um lugar pra ficar."

Memória, resistências e lutas anti-segurança

E se não há fenda, pois bem, fazemos uma –
raspando, mordendo, chutando, golpeando
com as mãos e a cabeça, com o corpo todo
até causar na história a exata ferida que somos.

– Subcomandante Galeano
México, 3 de maio de 2015

O trabalho com as mães, separado formalmente como trabalho de extensão e trabalho de pesquisa, foi vivido e experimentado por nós, ao longo desses seis anos, como um só, sem separações. Realizado com um esforço que não deriva em produtos acadêmicos e/ou editoriais, mas em um exercício lento e paciente de abrir uma fenda que seja capaz de engripar a máquina de matar do Estado. Um trabalho um tanto torto e cheio de idas e vindas, tal qual as idas e vindas da série de entrevistas realizadas com as mães. Não se busca a consciência, tampouco a justiça, mas tão somente produzir um espaço no qual seja possível compartilhar o sentimento do horror diante das inomináveis execuções e extrair delas, formas, talvez insuficientes, de resistir ao massacre que, a um só tempo, funda o Brasil e faz a amarga tirania de nossas vidas cotidianas.

Mas o trabalho regular junto à Associação 13 de Agosto e o acompanhamento dos desdobramentos da chacina também produzem leituras afinadas das políticas de segurança hoje, em especial no Estado de São Paulo. A primeira diz respeito à centralidade da polícia como forma elástica e efetiva de controle urbano e garantia de continuidade da circulação, para além do horror e das matanças. Embora ela seja o instrumento que efetivamente produz o massacre e o terror, as responsabilidades correm acima de seus domínios para que ela siga cumprindo seu papel de regular e controlar a coabitação e a circulação de pessoas e mercadorias. Por mais terror que cause, a polícia nunca sai de cena e as instâncias ditas superiores, governos e tribunais, absorvem suas demandas para mantê-la intocável, ou seja, estão à serviço do seu trabalho imediato. A cada fato tomado como abuso ou desvio, se fortalece ainda mais a necessidade de regulação que, passados os trâmites legais, será exercida justamente pela autora do abuso ou desvio: a polícia. De maneira que qualquer questionamento às políticas de segurança que não coloque em xeque a existência da polícia rodará em círculos, produzindo novas polícias e/ou novas formas de policiamento, com ou sem participação cidadã, que prepararão o próximo massacre.

É nesse sentido que a proposição de abolição da polícia não pode ser tomada como mera retórica radical ou preferência ideológica. Ela deriva da constatação de que, se realmente se quer estancar o massacre, a polícia não deve mais existir, e as pessoas terão de inventar outras formas de coexistência que dispensem a necessidade de uma forma de regulação exclusiva, profissional e armada de controle de suas condutas e de sua circulação na cidade. Não cabe aqui discutir se isso é possível ou impossível, fácil ou difícil: este é o dado mais objetivo da dimensão analítica de nosso trabalho. O que faz das lutas anti-segurança uma dimensão decisiva das possibilidades de viver de outra forma, que não a que vivemos hoje.

Nos relatos das mães é comum ouvir que elas não se preocupavam com a polícia até serem acometidas pela tragédia que ceifou seus filhos da existência próxima. Mas a partir daí, o medo se instaura nos mais regulares gestos, e até uma ronda escolar é capaz de produzir o terror mais insuportável, inclusive nas crianças. Mas, por vezes, essa revelação, imediata e brutal, sobre o trabalho da polícia, ganha camadas que projetam as responsabilidades para cima, tirando novamente a polícia do alvo imediato. Busca-se justiça nos tribunais e responsabilidades nos governos, colocando a existência e a atuação imediatas da polícia como efeitos colaterais de uma cadeia maior, ou como simples espaço onde sujeitos desviantes atuam de forma indevida, sendo que ela é o instrumento imediato da ação e do massacre.

É nesse sentido que a memória das mães pode ser tomada como uma forma de resistência poderosa, pois cola o acontecimento à imediatez dos fatos e das existências, as que se foram e as que ficaram com a dor. Ao ouvir e registrar os relatos dessas mães, para além do papel de vítimas e/ou de familiares de vítimas, a brutalidade do ato ganha forma e consistência do que ele realmente é: algo irreparável. Como disse Zilda Maria de Paula após o julgamento que absolveu dois dos policiais acusados de envolvimento na chacina, nenhuma decisão do tribunal traria de volta seu filho e a vida terá que seguir com essa dor, independente de culpados ou inocentes, algozes ou vítimas. O senso trágico é explícito.

Por fim, o registro memorial desses relatos cumpre três funções muito objetivas. A primeira é trazer à tona, mais do que as interpretações e politizações, que a existência dessas mães e familiares está além e aquém da tragédia que as acometeu. Foi nesse choque com os poderes policiais que elas emergiram, com suas inúmeras singularidades – algo que não pode ser ceifado com uma arma de fogo, assim como a memória da existência de seus filhos e tudo o que eles deixaram. A segunda é evidenciar, de forma também brutal, qual é o preço da ordem para que se saiba qual o custo das pacatas vidas na cidade. Uma vida é uma vida, não um dado estatístico que pode crescer ou recuar com esta ou aquela política de segurança pública, com este ou aquele programa de governo. Por fim, mas não menos importante, ouvir e/ou ler cada relato revela uma verdade incômoda que o saber, especialmente o jurídico, tenta mascarar, ainda que seja incontornável: não há reparações!

Tudo o que possa ser feito, da decisão judicial ao trabalho acadêmico, é nada diante de uma dor inominável e de uma memória obstinada que insiste em não tratá-la como uma dor privada, mas como a manifestação mais crua do que é viver nas cidades hoje.

Beauty
MAIS!

"É o que eu sempre falava: a nossa vida é um copo de vidro. Imagina, o moleque acabou de pintar a casa, eu conversando com ele, o cara vai, toma banho, chega lá e morre? Se ele morresse com a tuberculose até eu ia... ele estava sarando da tuberculose, estava no último exame, tanto que ele estava pintando aqui. Lógico que eu ia sentir, mas ia até me conformar"

– Zilda

Abolir a cidade-cativeiro: perspectivas abolicionistas e os estudos urbanos

Gabriella De Biaggi

Seja em meios acadêmicos, discursos midiáticos ou discussões cotidianas, com frequência nos deparamos com a ideia, amplamente difundida, de que há uma "ausência de Estado" nas periferias de São Paulo – e do Brasil em geral – e de que a precariedade e a violência vividas pela população dessas áreas seriam resultantes da falta de políticas de segurança, de políticas urbanas, de planejamento. De partida, o que essa ideia implica é, de um lado, uma noção do Estado como garantidor de direitos, cuja ação e existência correspondem ao que está previsto na lei, de modo que a própria lei é entendida como antítese da violência. De outro, implica em uma leitura das periferias como espaços desordenados, desgovernados ou comandados por poderes paralelos ao Estado, em suma, "fora da lei". Desse ponto de vista, portanto, a solução para a violência e a precariedade poderia ser encontrada na elaboração e aplicação de políticas de segurança e planejamento urbano adequadas e na ampliação da presença de agentes do Estado, de modo a corrigir-se esse "erro" ou essa "falta".

É em contraponto a tal ideia que este capítulo busca tecer algumas considerações, destacando contribuições do abolicionismo penal para a análise das dinâmicas urbanas contemporâneas, isto é, para nosso entendimento a respeito de como a cidade ou a metrópole (bem como os espaços de urbanização expandida no chamado campo) são produzidos e vividos pelas pessoas cotidianamente. As reflexões partem do projeto de pesquisa e extensão denominado *Memória em movimento contra a violência de Estado: construção do acervo do movimento de mães da Chacina Osasco e Barueri (2015)*. Este projeto, desenvolvido com a Profª. Joana Barros junto ao movimento de mães, envolve a realização de uma série de entrevistas de história de vida com suas integrantes, que compõem o acervo do Centro de Memória Urbana da Unifesp (CMUrb).

Além disso, trazemos algumas reflexões advindas de outra pesquisa em curso, na qual analisamos as relações entre o avanço do mercado imobiliário e os processos de securitização em uma área de fronteira entre as centralidades corporativas no entorno das avenidas Faria Lima e Berrini (o chamado vetor sudoeste) e as periferias da zona sul de São Paulo. Embora sejam projetos bastante distintos, a conexão entre eles não é fortuita, pois ambos possibilitam entradas para a análise dos processos e efeitos brutais desencadeados por projetos de securitização e desenvolvimento urbano nas periferias da metrópole paulistana. Mais do que um relato detalhado, interessa aqui apresentar a perspectiva de análise que temos construído, informada pelos dois projetos e por importantes críticas que têm sido formuladas no campo do abolicionismo penal. Trata-se de uma perspectiva que considera o Estado tendo em vista suas múltiplas facetas – das mais assistenciais às mais explicitamente repressivas –, observando seus efeitos de conjunto com base em práticas concretas. Torna-se possível, com isso, analisar o tratamento diferenciado dos espaços e corpos, o que inclui, para usar os termos de Ruth Gilmore (2024), diferentes combinações de "violência organizada" e "abandono organizado".

Fundamentalmente, o abolicionismo penal coloca em xeque a própria noção de "segurança", a qual tem se tornado, cada vez mais, um imperativo e um valor inquestionável ao redor do mundo. À medida que as lentes da "segurança" passam a orientar análises institucionais e políticas públicas nos mais diversos campos, da "segurança alimentar" à "segurança energética", torna-se crucial mudar os termos da discussão (Buxton; Hayes, 2016). Os espaços urbanos, ademais, têm se tornado alvo prioritário de políticas de segurança, na medida em que passam a ser vistos como concentradores dos perigos contemporâneos e concebidos sob uma lógica securitária. Conforme as desigualdades sociais se aprofundam, reforça-se a representação de "residentes de assentamentos informais como ameaças existenciais, até sub-humanas, à economia neoliberal 'formal' e seu arquipélago de enclaves urbanos privilegiados" (Graham, 2016, p.58). Observa-se, de modo geral, uma fusão entre políticas urbanas e políticas securitárias, na qual, de um lado, o espaço urbano é lido e projetado cada vez mais em termos de sua segurança/insegurança e, de outro, as estratégias de securitização passam a dar especial atenção aos processos de urbanização e às práticas cotidianas da vida urbana.

Por isso, em vez de tratarmos do "direito à segurança" e do "combate ao crime" – entendendo o "crime" como algo que existe de forma objetiva e externa ao Estado –, tratamos de processos de securitização e criminalização que são histórica e espacialmente constituídos e contestados. Recorremos, para tanto, à concepção foucaultiana da "gestão dos ilegalismos", que abarca as diferentes formas de operação da lei, os limites de tolerância às condutas consideradas ilegais e a ação seletivamente repressiva sobre estas. Tal concepção permite observar a dimensão territorial da diferenciação das formas de controle e da distribuição dos ilegalismos nos espaços urbanos (Telles, 2010). Dessa forma, abre-se caminho para considerar que a localização das atividades afeta o modo como são policiadas, que a forma de aplicação da lei depende do espaço onde ocorre, ao mesmo tempo, em que constitui tal espaço e as possibilidades de ação para as pessoas que nele se encontram (Blomley, 2003).

Assim, em contraposição à ideia da "falta de Estado" e tendo em vista o processo histórico de formação das periferias metropolitanas de São Paulo, temos construído um entendimento que, para facilitar a exposição, será dividido em três partes:

1. A negação da propriedade privada do solo, a consequente "informalidade", e a criminalização a que estão sujeitas as pessoas residentes em bairros periféricos são políticas de Estado e conteúdos históricos racializados que definem as próprias relações entre centro e periferia no país;

2. Esses conteúdos têm sido mobilizados e retrabalhados com a virada securitária global vivida desde os anos 1990, a qual é marcada pela criminalização intensificada das periferias urbanas na América Latina;

3. A diferenciação territorial das formas de policiamento e controle não apenas se baseia na distinção entre territórios centrais e periféricos, mas também a reproduz, em novos termos, ao repor a divisão entre os espaços que devem ser defendidos da "insegurança" e aqueles contra os quais tais defesas são mobilizadas.

1. Propriedade privada do solo, racialidade e criminalização

De forma resumida (e um tanto genérica), poderíamos dizer que as periferias de São Paulo foram produzidas, sobretudo, por migrantes, pessoas majoritariamente não brancas e vindas de contextos rurais que ocuparam terrenos em áreas periféricas pouco edificadas ou os compraram em loteamentos informais. Produziram, assim, não apenas suas próprias casas, mas bairros inteiros, sem a oficialização das relações de propriedade por parte do Estado. À maioria da população, que não tinha condições de acessar a habitação através da propriedade privada, coube ocupar as fronteiras da expansão urbana (Alvarez, 2014). O mercado informal de habitação, nesse sentido, não se forma como algo antagônico em relação à propriedade privada do solo, mas como resultado dela. Pois, enquanto garante as transações oficiais de troca de moradia por dinheiro, a propriedade também faz surgir um mercado informal de habitação, baseado na demanda das pessoas que não têm condições de integrar o mercado formal (Santos, 2020).

É importante frisar, no entanto, que essa condição de informalidade não deve ser assumida imediatamente como característica da "urbanização periférica". Há inúmeros casos de condomínios residenciais, *shopping centers* e outros grandes empreendimentos imobiliários que foram produzidos por meio de procedimentos que transitam entre o legal e o extralegal, ou que se valem de recursos em evidente desacordo com a lei, como a apropriação e a privatização irregular de terrenos públicos (Telles, 2010). As informalidades das elites, contudo, são frequentemente formalizadas sob o marco da propriedade privada, passando a circular no mercado imobiliário legal e, inclusive, abrindo novas frentes de investimento. As informalidades de populações despossuídas e não brancas, por outro lado, tendem a ser sistematicamente criminalizadas, além de instrumentalizadas para legitimar processos de despossessão (Paterniani, 2019).

Aqui, vale fazer um breve recuo histórico. Diversos estudos têm destacado que, nas Américas, a relação de propriedade privada fundiária foi historicamente negada aos povos colonizados e seus descendentes, apresentando um caráter racializado desde o princípio (Harris, 1993; Bhandar, 2014; Bonds, 2018). No contexto colonial, a figura racializada do "selvagem" representava justamente os perigos alocados "fora" da lei e da divisão das terras sob a forma da propriedade, funcionando como justificativa para a suposta necessidade de existência de ambas (Blomley, 2003). De modo geral, os regimes coloniais de propriedade foram responsáveis por atrelar a branquitude à condição proprietária e por designar as populações colonizadas como não propriamente assentadas ou instaladas em suas terras, ou seja, como passíveis de remoção (Roy, 2019).

No caso do Brasil, conforme José de Souza Martins (1998), a gênese da propriedade privada da terra está amarrada a uma cisão naquilo que se entende por humanidade, cisão esta que se afirmou, inicialmente, por meio da propriedade de alguns corpos. Na economia colonial, pessoas escravizadas adentravam o processo produtivo sob a condição de mercadorias, e não como sujeitos econômicos "compradores e vendedores". Com a crise e o eventual fim do escravismo, na segunda metade do século XIX, segundo Martins, operou-se uma passagem do cativeiro da população escravizada ao "cativeiro da terra". A dominação econômica e social passou a ser reproduzida com base no encerramento das terras sob a forma da propriedade privada, juridicamente instituída pela Lei de Terras de 1850. Assim, por outros meios, o uso e a apropriação de terras por populações negras e indígenas formalmente livres para seus próprios fins continuavam sendo vedados ou considerados ilegítimos.

É possível notar, portanto, que a distinção racializada entre proprietários e não proprietários estabeleceu relações profundamente distintas com o Estado, uma vez que a instituição e a manutenção de uma ordem social fundada na propriedade privada envolvem a constante suspeita frente aos sem-propriedade (Bonds, 2018). Conforme Denise Ferreira da Silva (2014), desde o fim do regime escravista, a racialidade foi a responsável por estabelecer essa separação entre o sujeito de direitos – potencial proprietário – e o seu outro, o sujeito "afetável" perante o Estado, cuja própria existência enquanto corpo que ocupa espaço é marcada como perigosa e ilegítima. A mesma lógica recai sobre os espaços, cuja racialização e enquadramento (ou não) nos moldes da propriedade privada criam condições para tratamentos distintos por parte do Estado. Como sintetiza Nicholas Blomley (2003, p. 121, tradução livre), "há uma geografia intrínseca, e repleta de consequências, à violência da lei e ela está conectada com a propriedade privada".

Entende-se, assim, que no processo de formação das periferias urbanas brasileiras, na segunda metade do século passado, a diferenciação racializada entre os corpos e espaços tidos como ordeiros e dignos de proteção e aqueles associados ao perigo foi reproduzida também através das relações de propriedade. Ao não prover as infraestruturas necessárias à vida urbana e não reconhecer as relações de propriedade privada do solo nos bairros periféricos, o Estado contribuiu para que estas áreas fossem representadas e tratadas como "ilegais" e "desordenadas" (Moura, 2006). A esse respeito, convém lembrar das reflexões de Derek Gregory (2003) a respeito das "geografias imaginativas", isto é, as representações de caráter performativo que impõem concretamente suas categorias, códigos e convenções sobre a realidade, produzindo materialmente os efeitos que nomeiam. Segundo Gregory, estas categorizações sustentam políticas espacialmente seletivas nas quais a diferenciação é reafirmada e reproduzida. Desse modo, espaços representados como "seguros" tendem a receber infraestruturas e serviços necessários à vida urbana, enquanto aqueles imaginados como "perigosos" tornam-se focos da atuação policial mais ostensiva e/ou de processos de "renovação" urbana – a depender dos interesses políticos e econômicos que pairam sobre sua localização.

2. Virada securitária e criminalização intensificada das periferias

Este ponto torna-se especialmente relevante em vista do ascenso global da segurança, a partir dos anos 1990, e da emergência do que, no LASInTec, temos denominado "democracias securitárias", a partir de um "processo de ampliação e centralidade da segurança como valor político e social dominante" (Augusto; Wilke, 2019, p. 240).

Ao redor do mundo, novas políticas de controle e tecnologias de vigilância e monitoramento disseminaram-se rápida e desigualmente pelos espaços urbanos cotidianos (Graham, 2016). No Brasil, e na América Latina como um todo, propagou-se um medo amplo e difuso do "crime", e a criminalização dos bairros periféricos foi intensificada. Políticas punitivas de criminalização da pobreza racializada foram largamente legitimadas por discursos políticos e midiáticos que mobilizavam representações de favelas e bairros populares como espaços patológicos, sujos e irracionais (Caldeira, 2000; Wacquant, 2008).

Entende-se, desse modo, por que remoções de favelas como as operadas na formação das centralidades corporativas de São Paulo, no chamado vetor sudoeste, puderam ser apresentadas ao restante da população como procedimentos socialmente aceitáveis e até mesmo necessários à "segurança pública". Não à toa, o *pool* de empresas do setor imobiliário formado com o objetivo de promover a remoção da favela do Jardim Edith, localizada onde atualmente se encontra a Avenida Jornalista Roberto Marinho, referia-se ao processo explicitamente como "uma tradicional 'limpeza' da área de um foco de violência e marginalidade" (Frúgoli, 2001, p. 57).

Por esta via, entende-se também como podem ser naturalizadas e aceitas, sem uma ampla revolta da população, as frequentes execuções e sucessivas chacinas realizadas pela polícia nos bairros periféricos da metrópole desde a redemocratização. Entre estas, vale lembrar, a Chacina de Osasco e Barueri, ocorrida em 2015, ainda se destaca terrivelmente, como a maior de que se tem registro no Estado de São Paulo. As condições para a contínua realização de chacinas e execuções, bem como para a despossessão de bairros populares e favelas, podem ser compreendidas, portanto, como resultado de uma descartabilidade atribuída às periferias e reproduzida, de forma interligada, por políticas urbanas e securitárias de Estado. Em ambos os casos, estamos diante de políticas de desaparecimento, que operam o apagamento ou a expulsão de corpos e espaços considerados "indesejáveis".

Mais do que apenas deslocamentos forçados e violências ilegais, as remoções e chacinas são fruto de um processo de despossessão que retira das populações criminalizadas a própria possibilidade de serem reconhecidas enquanto pessoas. Ananya Roy (2019) descreve tal processo como "banimento racial", pois "o banimento não é o movimento de corpos racializados de um lugar para outro, que poderíamos chamar de deslocamento, é uma expulsão de toda parte" (p. 227, tradução livre).

Ao observarmos os dados de letalidade policial no Brasil, torna-se bastante evidente que há uma produção sistemática, racial e espacialmente seletiva, da morte pelo braço armado do Estado. De acordo com levantamento de Jaime Amparo Alves (2022, p. 1023), das quase 30 mil pessoas mortas pela polícia no Brasil entre 2015 e 2020, 75% eram jovens negros e 99% eram moradores de favelas. Os movimentos de mães e familiares, que têm se difundido nas últimas décadas em resposta a essa escalada na violência de Estado, apontam de modo consistente o caráter determinante da racialidade e da localização periférica na legitimação da ação assassina da polícia. Nas entrevistas que fizemos, Zilda comentou que há quem tente justificar o maior ataque da Chacina de Osasco e Barueri, ocorrido no dia 13 de agosto, no bar do Juvenal, pelo fato de ser um bar, o que supostamente indicaria que as pessoas ali presentes não seriam "cidadãos de bem". A resposta que a Zilda oferece para este comentário moralista absurdo é simples e certeira: isso jamais aconteceria num bar na Rua Augusta ou na Vila Madalena.

Movimentos de mães e familiares, como a Associação 13 de Agosto, têm tido um papel crucial ao contestar a naturalização da destruição e da morte produzidas em espaços periféricos. A experiência compartilhada de dor e ausência e o reconhecimento do Estado como responsável pela perda de seus filhos e entes queridos são traços fundamentais destes movimentos, de modo que sua própria existência implica uma contraposição direta às políticas de desaparecimento promovidas em nome da segurança. Ainda assim, para além do sofrimento da perda e das diversas consequências materiais decorrentes da ausência de um membro da família, o luto é frequentemente negado a essas mães e familiares, uma vez que a classificação desumanizante de seus mortos como "bandidos" faz com que suas dores não sejam publicamente reconhecidas como legítimas (Almeida, 2022).

Ouvir as mães, portanto, é fundamental para que possamos compreender a extensão das consequências da criminalização das periferias e nos colocar, junto a elas, contra as tentativas sistemáticas de apagamento que enfrentam. Rememorando os nomes e vidas daqueles que foram assassinados e feridos nas chacinas, os movimentos de mães recusam-se a permitir que os mortos sejam convertidos em números frios e indiferenciáveis. Remontando os eventos da violência letal cometida pelas forças da ordem, disputam com as versões oficiais e questionam a "fé pública" dos discursos policiais – não sem sofrer intensa pressão, ameaças e tentativas de criminalização nesse processo. E, com seus relatos, demonstram que as políticas de destruição e morte que caracterizam a história deste país e o seu presente momento democrático não atingem apenas aqueles cujos corpos são alvo direto da violência, mas também uma série de outras pessoas envolvidas em suas redes de sociabilidade cotidianas.

3. Diferenciação territorial das formas de controle e reprodução de espaços centrais e periféricos

Para discutir os vínculos entre as fronteiras centro-periferia e as formas distintas de atuação das forças do Estado na metrópole de São Paulo, recorremos a uma análise de dados oficiais de policiamento relativos à fronteira sul do vetor sudoeste e ao seu entorno, disponibilizados pela Secretaria de Segurança Pública do Estado (SSP-SP). Levantamos as cifras de ocorrências policiais dos chamados crimes patrimoniais (furtos e roubos)[12] e de "produtividade policial" (inquéritos abertos e prisões efetuadas), referentes aos anos de 2019 a 2024, e calculamos as médias anuais de cada uma para quatro Distritos Policiais (DPs) situados na fronteira em questão e em suas imediações. São eles: o 11° DP, de Santo Amaro; o 27° DP, de Campo Belo; o 92° DP, Parque Santo Antônio, que abrange os bairros periféricos do lado oposto do Rio Pinheiros em relação a Santo Amaro; e o 96° DP, Monções, que responde pela região da Av. Luís Carlos Berrini, dentro do vetor sudoeste.

Primeiramente, é importante destacar que não houve correspondência direta entre a quantidade de inquéritos e prisões e o número de delitos registrados. Isso se mostrou de forma mais explícita no caso do Distrito Policial de Campo Belo, que possui a maior média anual de inquéritos entre os DPs em questão, embora apresente os menores registros de crimes patrimoniais na maior parte dos anos e, consequentemente, a menor média anual de ocorrências entre os quatro. Mais notável ainda é que esse DP responde por números significativamente mais elevados de prisões do que os demais DPs em cinco dos seis anos analisados, sendo ultrapassado pelo 11º DP, de Santo Amaro, apenas em 2024. O 92º DP, do Parque Santo Antônio, por outro lado, segundo em número de ocorrências, apresenta cifras muito inferiores de prisões efetuadas, ficando à frente apenas do 96º DP, de Monções, nesse critério.

O segundo DP em quantidade de inquéritos e número de prisões efetuadas foi o de Santo Amaro, cujos registros, inclusive, apresentam uma tendência ascendente – ao mesmo tempo em que os crimes patrimoniais estavam em queda. A interpretação que propomos, então, é de que as

12. Os crimes patrimoniais são os mais frequentes em todos os DPs analisados, e em São Paulo, como um todo. Agregamos os dados de diferentes tipos de furto e roubo, uma vez que a classificação específica do delito nos interessa menos do que uma comparação geral dos registros de criminalidade entre os DPs.

estatísticas revelam uma concentração das práticas oficiais de policiamento (inquéritos e prisões) nos dois DPs situados em zonas fronteiriças do vetor sudoeste: o do Campo Belo e o de Santo Amaro. Entende-se, assim, que a maior intensidade da atuação policial oficialmente reconhecida compõe uma faixa de amortecimento na fronteira entre centralidades corporativas supostamente estáveis e pacificadas e periferias criminalizadas, representadas como espaços ameaçadores.

Essas práticas podem ser interpretadas como parte de uma política de contenção que afasta corpos e condutas associados ao "crime" dos espaços ditos "seguros" para os negócios. Nos trabalhos de campo realizados em Santo Amaro, em 2021, observamos a presença frequente de policiais patrulhando as principais vias de acesso ao distrito para quem vem do outro lado do Rio Pinheiros. Em diversas ocasiões, vimos policiais militares abordando e revistando jovens negros em motocicletas nas próprias pontes que atravessam o rio. Com esta filtragem de fluxos, a faixa de amortecimento alivia as centralidades corporativas da presença de corpos criminalizados e as exime de demonstrações mais explícitas de força por parte do Estado, as quais contrastariam com a imagem de segurança e ordem que tais espaços sustentam. Isso ajuda a compreender por que o DP Monções, que cobre uma área interna ao vetor sudoeste, registrou os menores números de prisões entre os DPs em questão, ao longo dos seis anos, numa tendência decrescente.

No entanto, o DP do Parque Santo Antônio, que abrange bairros periféricos como o Jardim São Luís, também apresenta médias de prisões e inquéritos significativamente mais baixas do que os DPs de Santo Amaro e Campo Belo. Isso nos alerta para o fato de que devemos ter em conta a existência de uma série de outras práticas que não constam nas referidas estatísticas, sejam elas mais ou menos alinhadas à lei, executadas por agentes estatais e/ou não estatais.

Em centralidades corporativas e outros espaços voltados às elites, a presença de agentes de segurança privada e de aparatos eletrônicos de vigilância e monitoramento é um fator fundamental a ser considerado em relação às formas de controle operantes. Um efeito decisivo da virada securitária dos anos 1990 foi a associação quase imediata da "segurança" desses espaços à presença concentrada de agentes e dispositivos privados de vigilância eletrônica (Moura, 2006). Há de se ter em conta que, ainda que a concentração desses elementos produza efeitos de intimidação e desencoraje a permanência em espaços públicos – especialmente para populações criminalizadas –, tratam-se de formas relativamente mais sutis e palatáveis de controle socioespacial (quando comparadas à atuação repressiva explícita das forças de Estado), e que funcionam, ainda, como símbolos de *status* e modernidade (Caldeira, 2000; Firmino, 2017).

Nos bairros periféricos, como os cobertos pelo DP Parque Santo Antônio, em contrapartida, outras práticas de policiamento devem ser observadas – notadamente, como já mencionado, o recurso extralegal à violência e à morte. Por uma série de motivos, a precisão dos dados oficiais a respeito da letalidade policial e de sua distribuição territorial é bastante questionável. Ainda assim, ao observarmos os dados disponibilizados pela SSP em relação às "Mortes Decorrentes de Intervenção Policial (MDIP)" para os mesmos DPs, durante os mesmos seis anos, torna-se evidente a concentração dessas mortes no 92º DP, do Parque Santo Antônio: foram registradas 24 mortes, todas de pessoas do sexo masculino, 16 das quais pardas, 4 brancas, 3 pretas e uma de "cor de pele" ignorada. 15 das mortes foram causadas por policiais militares em serviço, 8 por policiais militares de folga e uma por um policial civil em serviço.

Ao considerarmos os efeitos combinados das distintas práticas de policiamento empregadas em áreas de centralidades corporativas, periferias e zonas de fronteira, podemos compreender a produção de espaços "seguros" para os negócios como um processo que não é independente de, ou contraditório à, concentração de morte e violência nos bairros periféricos. Pelo contrário, como sugere Jaime Amparo Alves (2014), a "segurança" do quadrante sudoeste de São Paulo, onde se encontram os menores números de execuções extrajudiciais pela polícia, não pode ser entendida separadamente da eliminação de elementos "indesejados" em outras partes.

Nesse sentido, podemos pensar que a atuação diferencial da polícia não apenas responde a imagens e símbolos racializados atribuídos a áreas urbanas específicas, senão também os reproduz. Isto é, sob a democracia securitária, territórios centrais e periféricos da metrópole paulistana também são reproduzidos, em novos termos, com base em distinções racializadas entre os espaços que devem ser defendidos da "insegurança" e aqueles contra os quais tais defesas são mobilizadas (Alves, 2014).

Reiteramos, por fim, a importância de perspectivas abolicionistas para a análise das dinâmicas urbanas contemporâneas diante desse cenário em que a securitização desponta como aspecto crucial da produção do espaço urbano, intensificando processos de remoção, contenção e banimento. Para além da fortificação e vigilância de espaços privados circunscritos, trata-se de uma forma de produzir a própria cidade com base na ótica da segurança, na qual novos instrumentos eletrônicos de controle à céu aberto, calibrados para identificar elementos "de risco", aliam-se ao velho perfilamento racial da polícia, dando origem a uma carceralidade ampla, que transpassa os muros dos presídios. Segundo Vera Malaguti Batista,

> nesta nova configuração, a prisão não só não desapareceu como se expandiu como nunca. Expandiu-se e articulou-se para fora dos seus limites com dispositivos de vigilância, com as medidas fora da prisão, e também com o controle pela medicação (Batista, 2016, p. 12).

Constitui-se, nos termos de Vera Telles (2010), uma "experiência carcerária que circula amplamente" (p. 244) para além dos muros da prisão, reforçada pelas políticas de criminalização e hiperpoliciamento que alvejam determinados grupos sociais e espaços.

Assim, a dimensão racializada do cativeiro – que, segundo Martins (1998), passa dos corpos negros às terras com o fim da escravidão, fundando as relações de propriedade privada do solo no Brasil e se fazendo presente na formação das periferias metropolitanas de São Paulo, por meio da negação do papel de sujeito-proprietário aos seus habitantes-produtores –, parece atualizar-se sob o imperativo da segurança. Tanto no que se refere ao cercamento e à fortificação das propriedades – que cada vez mais transbordam para o controle e o cercamento de espaços públicos – quanto em relação à criminalização, ao assassinato e ao aprisionamento de pessoas negras e pobres, com todas as suas consequências devastadoras para seus familiares e amigos, o cativeiro se amplia e se perpetua.

Desde uma perspectiva abolicionista, contudo, e tendo em vista a profunda relação entre defesa da propriedade privada e criminalização da pobreza racializada, podemos ao menos evitar certas armadilhas reformistas e tentar quebrar o aparente consenso em torno da segurança. De outro modo, continuaremos no caminho que temos trilhado, com a "humanização dos presídios" e o combate à superlotação justificando a expansão prisional (Marques, 2018a); com políticas de segurança "preventiva" que promovem a disseminação de sistemas de vigilância e a expansão de empresas de segurança privada; e com projetos de reestruturação urbana que reafirmam o direito de propriedade de alguns por meio da remoção de elementos "irregulares" e criminalizados, reproduzindo uma verdadeira cidade-cativeiro.

"No outro dia tinha que ir no cartório para fazer atestado de óbito. Aí peguei a certidão de nascimento dele para pegar a de óbito. Eu sozinha. Eu e Deus. Aí eu saí do cartório, olhei assim na mão, falei: 'morte e vida do meu filho'"

– Zilda

Quem tem medo da polícia? A cultura do medo e o extermínio das margens

Yasmin Carvalho e Nicole Nascimento

Em nosso cotidiano, nos deparamos com ações autoritárias e abusivas por parte dos agentes de segurança pública, seja por meio dos veículos de comunicação, de canais no *YouTube* ou das redes sociais, essa é uma realidade compartilhada por grande parte da população. A violência policial passa a ser quantificada e analisada como parte de um movimento de denúncia dos números exorbitantes que o Brasil alcança. Nosso país lidera o *ranking* dos que mais produzem mortes em ações policiais.

> Segundo o Anuário de Segurança Pública (FBSP, 2019), no ano de 2018, 6.220 pessoas foram mortas pela polícia, representando 10% de todas as mortes violentas intencionais neste ano. [...] Segundo a comparação com outros países violentos (EUA, México, El Salvador e África do Sul) realizada por Nunes (2018), o Brasil é o segundo país com a maior taxa de mortes cometidas por policiais no ano de 2016 (2 mortes por 100 mil habitantes), atrás apenas de El Salvador (9 mortes por 100 mil habitantes), que vivencia uma violenta guerra entre gangues e a escalada da violência estatal. (Ryngelblum, 2021, p.10)

As pesquisas que tratam da violência policial, o têm feito sob quatro principais vieses: o primeiro faz referência à polícia autoritária de períodos históricos específicos no Brasil; o segundo trata dessa violência no contexto de democratização, do aumento da criminalidade e do reforço da polícia ostensiva; o terceiro discute a relação de confiança da população nas instituições de segurança; e o quarto analisa as questões relativas à população periférica, pobre e negra como principal alvo da polícia.

Ao examinarmos o fenômeno da violência policial, torna-se essencial compreender o papel da Polícia Militar do Estado de São Paulo, que se posiciona como executora de um policiamento ostensivo e preventivo, voltado à suposta garantia da segurança pública. Historicamente, é possível apontar que essa posição ostensiva está presente desde suas origens, quando, em 1852, ela foi criada como Corpo Policial Permanente,[13] com o objetivo de manter a ordem e reprimir possíveis rebeliões. De acordo com Bueno (2014), em 1942, buscando submeter uma influente força policial ao controle federal, devido ao seu considerável poder e potencial ameaça à ordem política, tentou-se extinguir a Força Pública de São Paulo, que havia substituído o Corpo Policial Permanente. Durante o Estado Novo, a Força Pública de São Paulo tornou-se parte do governo ditatorial, enquanto as forças policiais estaduais foram mobilizadas e receberam instruções, uniformes e armamentos semelhantes aos do Exército.

Com o golpe militar de 1964, houve uma ampliação das atribuições das polícias militares, o que acarretou um estreitamento ainda maior com o Exército, cada vez mais subordinado ao Governo Federal. Diante do Decreto-Lei nº 217, de 1970, constituiu-se a Polícia Militar do Estado de São Paulo, integrada por elementos da Força Pública do Estado e da Guarda Civil de São Paulo,[14] que manteve

---

13. Ver em Polícia Militar do Estado de São Paulo: História da PM. Disponívelem:https://www.policiamilitar.sp.gov.br/institucional/historia-da-pm.

14. Decreto-Lei nº 217, de 08 de abril de 1970. Disponível em: https://www.al.sp.gov.br/repositorio/legislacao/decreto.lei/1970/decreto.lei-217-08.04.1970.html\.

um policiamento ostensivo, evidentemente fundamentado na violência e na adoção de práticas extralegais. Contudo, como observa Bueno (2014), ao invés de concentrar-se nos dissidentes políticos, como ocorria durante o regime ditatorial, a repressão se voltou para as parcelas mais desfavorecidas da população, residentes das áreas periféricas. A nova ordem democrática que se estabelece em 1988 busca distinguir, então, o que seria responsabilidade das Forças Armadas e o que caberia às polícias militares; porém, não há uma mudança da atuação, visto que os comportamentos violentos continuam a ser perpetuados no cotidiano de trabalho, promovendo a continuidade dessa lógica.

A construção da Constituição de 1988 teve como princípio a valorização dos direitos individuais e da cidadania, de modo que "os direitos à vida, à liberdade e à integridade pessoal foram reconhecidos, e a tortura e a discriminação racial passaram a ser considerados crimes" (Pinheiro, 1997, p.43). Sendo assim, muitas expectativas relacionadas à atuação da polícia se formaram nos campos institucional, acadêmico e político. Uma das principais promessas do governo democrático passou a ser o controle legítimo da violência por meio de uma polícia mais tecnológica, preparada e menos ostensiva.

Entretanto, apesar dessas promessas, a polícia continuou a atuar nas ruas através de ações violentas e abusivas. A violência não apenas faz parte das práticas policiais, como constitui a principal forma de manutenção de relações sociais desiguais. O ideal de cidadania alcançou apenas alguns setores da população, enquanto outros se tornaram o novo inimigo a ser perseguido em nome da segurança.

> Segundo a OMS a violência é definida como "o uso intencional da força física ou do poder, real ou em ameaça, contra si próprio, contra outra pessoa, ou contra um grupo ou comunidade, que resulte ou tenha possibilidade de resultar em lesão, morte, dano psicológico, deficiência de desenvolvimento ou privação" (OMS, 2002). (Ryngelblum, 2021, p. 4)

O avanço das garantias democráticas não foi suficiente para diminuir a desigualdade social entre os setores da sociedade. Assim, a violência passa a ser a principal expressão das disputas políticas e sociais entre esses setores: de um lado, as elites, na preservação do poder; e, de outro, as classes populares, na tentativa de conquistá-lo por diversos meios. A partir dessa reflexão, estudiosos declaram que, nesse período, foi nítido o aumento da criminalidade, que passou a justificar as práticas violentas do policiamento ostensivo.

> Por um lado, a violência é usada pelas elites como forma de manter a ordem social– a tortura e a detenção arbitrária continuam a caracterizar o comportamento policial em países como o Brasil. [...] A violência é no entanto também resultado direto da continuidade de uma longa tradição de práticas autoritárias das elites contras as não-elites, que por sua vez são reproduzidas entre os mais pobres. A volta ao constitucionalismo democrático pouco efeito teve na erradicação dessas práticas autoritárias na sociedade. (Pinheiro, 1997, p. 44)

Assim, a atuação policial criticada durante o período da ditadura é apresentada pelo Estado – e aceita pela sociedade – como o principal meio de resolver a questão da criminalidade. Nesse contexto, o discurso polarizado entre "bandidos" *versus* "heróis" passa a ser alimentado pelas grandes mídias, incentivado e consumido pela população.

Vera Malaguti Batista (2003) reflete sobre o discurso e propagação do medo coletivo e como isso afeta a implementação de políticas de segurança punitivas mais violentas. A autora explica que "a cultura do medo e a carga simbólica política e ideológica são fatos que culminaram na Operação Rio" (p.20). Ou seja, a cultura do medo impulsiona e justifica políticas de extermínio contra as populações das camadas populares. A criminalidade funciona como uma cortina, para que os homicídios produzidos pelas ações policiais sejam naturalizados socialmente. O discurso passa a ser utilizado por forças conservadoras e pela grande mídia para que políticas de exclusão das classes pobres sejam incorporadas. Para além, os dados produzidos sobre criminalidade comprovam que a atuação da polícia possui outras motivações. E que mesmo em períodos de baixa criminalidade, prisões arbitrárias, torturas, homicídios, chacinas e outras práticas policiais violentas continuam a acontecer.

> O Estado de São Paulo (ESP) ao mesmo tempo que vivencia a drástica redução de homicídios desde os anos 2000, cujas razões não são inteiramente compreendidas (FBSP, 2018), acompanha simultaneamente o aumento das mortes cometidas por policiais, gerando altas porcentagens de mortes decorrentes da atividade policial quando consideramos todos os homicídios no Estado. (Ryngelblum, 2021, p. 10)

O que marca esse fato é que "são muitos os estudos que demonstram que a violência, em especial os homicídios, se distribuem de forma desigual no espaço e nos grupos sociais, vitimando sobretudo as populações vulneráveis" (Ceccato *et al.*, 2007; Amparo-Alves, 2010; Adao, 2017; Oliveira *et al.*, 2019 *apud* Ryngelblum, 2021, p. 5). Ou seja, o Estado, por meio da polícia, mantém sua prática de extermínio como forma de manutenção do poder. A questão é que, agora, o que se configura como "crime" ou "novo inimigo" é a camada mais vulnerável da população. Ao discutir a violência policial é importante considerar que a política de morte é uma tecnologia de manutenção de poder utilizada historicamente:

> No Brasil, assim como em outros lugares, as vítimas não são mais militantes políticos, muitos deles pessoas educadas da classe média, cuja oposição ao regime militar fez com que fossem assassinados ou brutalmente torturados. Hoje em dia, o principal alvo da arbitrariedade policial são os mais vulneráveis e indefesos da sociedade brasileira: o pobre, o trabalhador rural e sindicalistas, grupos minoritários,crianças e adolescentes abandonados, muitos vivendo nas ruas. Muita dessa violência é alimentada por uma discriminação enraizada na sociedade contra os pobres e as minorias raciais, que são em sua maioria vítimas de homicídio. (Pinheiro, 1997, p.44)

A Polícia Militar do Estado de São Paulo, ao longo de sua história, evidencia uma forte conexão com práticas violentas, realizadas sob a justificativa de manter uma suposta ordem pública. Essas ações são percebidas como um serviço voltado às elites, em contraposição à proteção da população em geral. Nessa perspectiva, dentro da lógica dos instrumentos de ordem pública, a Guarda Civil Metropolitana foi criada em 1986 com o propósito de garantir a segurança patrimonial e a vigilância de parques. Com o passar dos anos, porém, passou a atuar em outras áreas, corroborando com práticas de violência e estando presente em diversos episódios violentos que marcam a história da cidade de São Paulo, como as ações na Cracolândia, em manifestações, protestos e diversos outros.

Assim, nas últimas décadas, é perceptível um aumento significativo nos estudos acadêmicos que exploram a temática da violência, o que está correlacionado ao seu evidente crescimento no país. Além disso, observa-se a persistência de graves violações de direitos humanos, manifestadas tanto em linchamentos quanto em execuções sumárias, bem como em episódios de violência policial. Essa realidade está diretamente relacionada com a crescente de pesquisas e estudos dessa área, como relata a autora:

> No que se refere especificamente à escalada da violência urbana, os estudos nacionais apontam a tendência de crescimento das mortes por homicídios desde meados da década de 1980. Os estudos iniciais, de caráter descritivo, permitiram a identificação de alguns fatores de risco, tais como ser jovem (de 15 a 29 anos), ser homem e morar em grandes centros urbanos. Mais recentemente, estudos nacionais vêm tentando analisar a existência de associação entre a mortalidade por homicídios e uma série de indicadores de desenvolvimento socioeconômico, buscando, em última instância, responder à questão sobre a existência ou não de associação entre a pobreza e a violência. (Peres, 2008, p. 268)

Isso demonstra que a violência policial no Estado de São Paulo, suas causas e os fatores que a engendram, têm contribuído para esta violência. Essas análises envolvem tanto a conexão entre violência policial e discriminação racial, étnica e socioeconômica, evidenciando como determinados grupos são impactados de maneira desproporcional, como também consideram questões urbanas e econômicas. Para além disso, têm-se debatido as consequências sociais e psicológicas sobre as vítimas e as comunidades envolvidas, incluindo relatos de traumas e impactos na saúde mental dessas pessoas atingidas direta ou indiretamente. Dentro desse contexto, também são realizadas análises sobre as regulamentações e políticas públicas relacionadas à atividade policial, visando investigar de que maneira esses instrumentos podem impactar o comportamento policial e a responsabilização das forças de segurança. A busca por respostas institucionais que passem pela responsabilização de agentes envolvidos em práticas de violência tem se tornado mais frequente, o que pode ser observado em relatos das grandes mídias. Em uma perspectiva mais analítica, é possível observar em repositórios e revistas acadêmicas o interesse em compreender o perfil demográfico das vítimas de violência policial e a geografia urbana que engloba esses contextos. Os relatos de movimentos sociais e das organizações da sociedade civil que emergem nesses cenários representam formas de resistência diante dos acontecimentos envolvendo vítimas, familiares e todos os afetados por essa violência. Essas narrativas têm sido destacadas em pesquisas acadêmicas e artigos que buscam apresentar uma perspectiva alternativa nesse contexto.

As análises sobre a violência policial no Estado de São Paulo conduzidas por vertentes da sociologia da violência têm colocando em pauta não apenas as causas subjacentes dessa violência, mas também sua interconexão com diversos fatores. Há uma perspectiva crítica que aponta para a necessidade de reavaliar diversos aspectos da atuação das instituições de segurança. No entanto, também é perceptível uma valorização histórica da polícia sob uma ótica extremista, alinhada a ideias elitistas, ainda que de maneira mais discreta. Essa dualidade de ideais evidencia uma clara divisão que ajuda a contextualizar a complexa questão da violência policial no estado.

De acordo com os dados presentes no Anuário de Segurança Pública[15] de 2015, a cada nove minutos uma pessoa era morta – vítimas de homicídios dolosos, latrocínios, lesões corporais seguidas de morte e mortes decorrentes de intervenções policiais. Os dados de 2015 também revelaram o perfil dos principais alvos de mortes violentas intencionais: 54% das vítimas eram jovens entre 15 e 24 anos e 73% eram pessoas pretas e pardas. O anuário alerta ainda que 3.320 dessas mortes foram produzidas por meio de intervenções policiais, alcançando número superior ao de países como Honduras e África do Sul.

Mesmo diante desses números exorbitantes de mortes violentas produzidas pelo Estado e por forças de segurança pública, o discurso da mídia e a fomentação do populismo penal ainda fazem com que a população naturalize essas ações em seu cotidiano. Ainda de acordo com o Anuário de 2015, 57% da população acredita e defende o discurso que "bandido bom é bandido morto", e 50% crê que a polícia militar é eficiente em garantir a segurança no dia a dia.

Acreditar na polícia como única forma de organização e controle eficientes está embutido em nossa organização social. E mesmo que os dados reforcem a crença de que a polícia ostensiva é a garantia de segurança, o medo que a população sente do tratamento dos agentes de segurança revela que essa relação é mais complexa. O anuário indica que 59% da população têm medo de ser vítima de violência da Polícia Militar, 53% temem a violência da Polícia Civil e 70% acham que as polícias exageram no uso da força. Ou seja, para grande parte da população, a polícia eficiente é a polícia violenta. É como se o extermínio de alvos específicos fosse o preço a se pagar por um lugar seguro. Porém, é necessário questionar se essa segurança de fato existe, ou se ela funciona como uma cortina de fumaça para

---

15. A 10ª Edição do Anuário Brasileiro de Segurança Pública traz informações fundamentais sobre o debate civilizatório no Brasil e sobre o papel das instituições e das políticas públicas. Os números contidos nesta edição são a tradução da enorme dificuldade em se reconhecer o drama da violência e alçá-lo à condição de uma das pautas centrais do país (ABSP, 2016, p.10).

o controle e o genocídio da parte periférica da sociedade, agora apontada como o novo inimigo a ser neutralizado.

No contexto de 2015, os números revelam em dados as ações violentas praticadas pela polícia militar e quem são os principais alvos atingidos em nome de lugares mais seguros. As mortes produzidas na Chacina de Osasco e Barueri, entre os dias 8 e 13 de agosto de 2015, compõem parte desses números. Foram identificadas mais de 20 vítimas, entre pessoas feridas e mortas, que foram alvo de disparos por parte de agentes de segurança do Estado, configurando a maior chacina registrada no estado de São Paulo. Esse ato de retaliação se desenrolou em momentos distintos, nas regiões de Osasco e Barueri, ao longo de vários dias, evidenciando uma violência que vem daqueles que deveriam garantir a segurança pública.

Os responsáveis pela chacina, entre os quais se encontravam policiais militares e membros da Guarda Civil, tinham histórico prévio de envolvimento em homicídios. Constatou-se, ainda, que o lote de munição utilizado no massacre de 2015 foi o mesmo que, em 2018, causou a morte da então vereadora, Marielle Franco, o que demonstra a presença de uma organização responsável.

A violência policial, evidenciada na Chacina de Osasco e Barueri, remonta à própria história da segurança pública em São Paulo, entrelaçando-se a outros episódios de violência que continuam a ocorrer até os dias atuais. Esse padrão de eventos sublinha a necessidade de uma abordagem mais ampla e profunda para lidar com as questões estruturais que sustentam tais formas de violência. Essas questões permeiam diversas camadas da sociedade, expondo aspectos fundamentais, tais como o racismo. Isso reforça a importância de buscar soluções que promovam a segurança de maneira justa e equitativa.

Bola + 1 F.C
BOLA + 1 F.C.
Saudades mil
MAIS
Q/
UM
A DOR
ADIVINHE
A COR

"Quando eu fiquei grávida eu tive uns quatro abortos antes dele, eu fiquei no HC (Hospital das Clínicas) para ter ele. Os médicos lutando, lutando eu consegui dar a vida pro meu filho. Como o Estado ajudou dar a vida ao meu filho, o Estado vai lá e tira a vida do meu filho"

– Zilda

Maternidade além da morte: a construção dos movimentos de mães que perderam seus filhos vítimas de violência policial

Fabiola Fanti, Ana Clara da Mata e Luzinete Ramos Borges

A crescente letalidade resultante da ação policial e de outros agentes do Estado no Brasil tem como alvo, na maioria dos casos, homens, negros, jovens e moradores de regiões periféricas. Como reação a essa tragédia, mulheres que perderam seus filhos se unem na busca pela responsabilização do Estado. A articulação de mães em grupos à procura de respostas e justiça vem crescendo no Brasil desde a década de 1990 nas periferias e favelas das cidades brasileiras. O presente artigo tem como objetivo apresentar um panorama dos movimentos de mães no Brasil, a partir de uma breve reconstrução da história e das principais características desses grupos, assim como expor um mapeamento de como eles se configuram hoje. Ademais, visa-se explorar o surgimento e atuação do movimento das Mães de Osasco e Barueri, identificando o contexto no qual o grupo surgiu, sua dinâmica de atuação e as transformações de sua luta ao longo do tempo.

1. Movimentos de mães no Brasil: história e características

Os movimentos de mães que se organizam em busca de justiça pela morte de seus filhos em razão da letalidade policial surgem no Brasil a partir da formação das Mães de Acari, em 1990, no Rio de Janeiro (Quintela, 2021). O grupo foi constituído após policiais sequestrarem 11 jovens da Favela do Acari, de um sítio em Magé, na Baixada Fluminense (RJ). As mães organizaram-se em torno da busca pelos desaparecidos e pela identificação e punição dos culpados, mas os jovens nunca foram encontrados. O grupo das Mães de Acari sofreu com ameaças e com o assassinato de uma de suas integrantes, e hoje não existe mais. Contudo, seu exemplo acabou por inspirar outras mães por todo o país (Quintela, 2021).

A década de 1990 ainda teria outros casos de violência emblemáticos, todos com o envolvimentos de policiais: a Chacina da Candelária, em julho 1993, na qual oito pessoas foram mortas; a Chacina de Vigário Geral, em agosto do mesmo ano, na qual 21 pessoas foram mortas; e duas chacinas na Favela Nova Brasília, em julho de 1994 e maio de 1995, nas quais foram mortas 14 e 13 pessoas, respectivamente. Esses episódios chamaram a atenção para o alto grau de violência e letalidade promovidos pela polícia do Rio de Janeiro. Em 2004, após outra chacina – ocorrida em abril de 2003, no morro do Borel, no Rio de Janeiro, quando quatro pessoas foram executadas por policiais militares –, formou-se a Rede de Comunidades e Movimentos contra a Violência. O movimento é constituído por familiares de vítimas de violência do Estado em favelas e busca denunciar esse tipo de violência, acolher e apoiar familiares de pessoas executadas por ela, privadas de liberdade ou vítimas de desaparecimento forçado.

Os movimentos de mães, em seu formato atual, se originaram em 2006, com a constituição das Mães de Maio, na Baixada Santista (SP) (Quintela, 2021). O grupo foi formado após os chamados "crimes de maio", que ocorreram entre os dias 12 e 20 de maio de 2006, quando mais de 500 pessoas foram assassinadas por policiais e grupos de extermínio no Estado de São Paulo. Diante da falta de responsabilização dos autores das mortes por parte do Estado, mães de parte das vítimas se reuniram para buscar a investigação dos crimes e a condenação dos culpados. Em um primeiro momento, as Mães de Maio se organizam em São Paulo, mas com a mobilização realizada ao longo do tempo pelo grupo, elas ganham visibilidade e passam a ter caráter nacional. Assim, à medida que começam a viajar pelo Brasil e denunciar as violações de direitos humanos sofridas por seus filhos, passam a receber denúncias de mães de outras regiões, também vítimas indiretas da letalidade policial, e a motivar a criação de outros grupos locais. Esse processo deu origem a um movimento social espalhado por todo o país à medida que a ação das Mães de Maio ganhava força e o número de coletivos locais crescia. A despeito das diferenças internas, os grupos de mães no Brasil se constituem como "um ator coletivo unificado, compartilhando um repertório de ações, entoando uma identidade comum e defendendo o mesmo projeto político" (Quintela, 2021, p. 870).

Tanto as Mães de Maio, como outros grupos de mães, inspiraram-se no movimento *Madres de Plaza de Mayo*, da Argentina (Graça, 2014; Quintela, 2021). Esse movimento surgiu no ano de 1977 e teve como protagonistas mães inseridas na luta política contra a ditadura argentina (1976-1983), que buscavam seus filhos e familiares vítimas de desaparecimento forçado promovido pelo regime militar e punição dos responsáveis pelos crimes. Durante a década de 1990, a mobilização das *madres* teve grande difusão, influenciando diversos grupos de mães e mulheres na América Latina (Graça, 2014).

Os grupos de mães, como o próprio nome sugere, têm como centralidade a demarcação da categoria da maternidade "como elemento moral em atos políticos" (Vianna e Farias, 2011, p. 83), sendo ela a força motriz do ativismo, sua grande motivação. A quase totalidade desses grupos é formada por mulheres, o que caracteriza um forte recorte de gênero. Assim, em uma sociedade baseada na "divisão sexual do trabalho", na qual as mulheres são as responsáveis pelos cuidados com os filhos, as militantes veem a luta por justiça como um "ato de amor" e um "prolongamento de suas obrigações maternas", no qual o engajamento político é "menos uma escolha e mais um tipo de dever moral do qual elas, enquanto mães, não poderiam se esquivar" (Quintela, 2021, p. 872).

Além do gênero, as mulheres que fazem parte dos movimentos de mães que lutam contra a letalidade policial também possuem marcadores de raça e classe que as caracterizam: são, em sua maioria, negras, pobres e moradoras de bairros periféricos e favelas. Essa é uma diferença importante em relação às mulheres de outros movimentos de mães, como as que lutavam contra o desaparecimento forçado de civis nas ditaduras latino-americanas (incluindo aí as *Madres de Plaza de Mayo*), que, em geral, são brancas e de classe média (Quintela, 2021). Assim, elas não podem ser compreendidas sem levar em consideração essa perspectiva interseccional que as caracteriza, e que as fazem se engajarem em pautas raciais, por exemplo (Silva e Rodrigues, 2022).

O Estado, por sua vez, é visto pelas mães como seu principal opositor. Por um lado, é o responsável pela morte dos seus filhos e por lhes ter tirado o direito de serem mães, e por outro, não realiza a devida investigação das mortes nem a punição dos culpados, ou seja, perpetua a injustiça cometida (Graça, 2014; Quintela, 2021; Vianna e Farias, 2011). Algumas das mães relatam que há ainda uma segunda violência sofrida por seus filhos: em muitos casos, eles passam por um "julgamento moral" da mídia e do Estado, sendo acusados de terem dado razão à própria morte, sob alegações de que teriam reagido à abordagem policial, resistido à prisão ou, simplesmente, por serem "bandidos" (Quintela, 2021). Dessa forma, outra batalha que elas travam é a de "provar", dentro do sistema de justiça ou perante a sociedade, que seus filhos são inocentes

– e que, mesmo que não o fossem, o Estado não teria o direito de executá-los. Além da questão individual de cada mãe, há ainda pautas coletivas que reivindicam que novos jovens, negros e moradores das periferias, não sejam vitimados pela letalidade policial, bem como o fim do genocídio da população negra, a reforma ou o fim da polícia, e a efetiva garantia de direitos a todos (Quintela, 2021).

De acordo com Quintela (2021), um elemento central no movimento de mães é o papel das emoções, tanto na formação dos grupos quanto em suas ações e na manutenção de sua existência. O intenso sofrimento causado pela morte do filho, a interrupção do direito de ser mãe e o senso de injustiça gerado pela forma como se deu a perda, e a não identificação e punição dos culpados, são emoções que unem essas mulheres. Toda essa experiência de dor e revolta gera entre elas um reconhecimento comum, que não pode ser compreendido por quem não passou por esse tipo de tragédia. Assim, além do acolhimento que dão umas às outras, dos sentimentos de solidariedade e amizade estabelecidos entre elas, há a construção de uma identidade que as une e dá combustível para sua luta. Nas palavras da autora, "é, então, a partir de uma negação inaceitável – a negação do direito à vida dos filhos e de seu direito à maternidade – que elas transformam a sua raiva, dor e o ultraje em ação, dando início ao movimento social" (Quintela, 2021, p. 884).

O lugar da dor dentro dos movimentos de mães também é investigado por Rocha (2018), ao acompanhar o percurso de quatro mulheres, no Brasil e nos Estados Unidos, que fazem parte de grupos de mães que denunciam o assassinato de seus filhos. A autora reconhece o valor dos sentimentos como dado antropológico e explora o papel das emoções nas ações diretas de mães contra a violência racial. Para tanto, utiliza como ferramenta de análise o que chama de "Antropologia Ultrajada", que

> reconhece as emoções como uma expressão de uma pessoa ou grupo de pessoas em oposição a uma estrutura injusta de poder; e reconhece os mecanismos pelos quais a

> pessoa ou grupo lida com a emoção como uma narrativa de resistência e fonte de luta coletiva (Rocha, 2018, p. 37).

Essa abordagem se pauta na "Antropologia das Emoções" e se faz necessária para a compreensão da complexidade dos movimentos de mães, tendo em vista a presença incontornável de sua dor em suas ações, bem como o uso dela como estratégia política (Rocha, 2018).

Nessa perspectiva, as emoções são captadas e assimiladas principalmente por meio de sua expressão verbal, que se torna uma tática central nessas lutas de resistência. Dentro dos movimentos de mães, por exemplo, essa prática adquire ainda mais significado quando se considera que nem sempre foi dado a essas mulheres o direito de expressar seus sentimentos – principalmente às mães negras, cujo sofrimento diante da perda de seus filhos é constantemente invisibilizado pela naturalização de suas mortes (Rocha, 2018). Além da importância da autoexpressão, Rocha (2018) destaca os efeitos do uso das emoções também como forma de angariar apoio e construir laços em meio à luta. Ela relata que escutar os depoimentos das mães aguçou sua indignação e a fez se envolver mais com o movimento:

> sua indignação me afetou e me levou a me envolver com seus sentimentos e ações de indignação. [...] como consequência de todas as atrocidades vistas e ouvidas, estava motivada pela raiva, sofrendo e, portanto, ultrajada e indignada (Rocha, 2018, p. 52, tradução nossa).

Já a tristeza e o luto criam laços identitários entre as famílias que passaram pela mesma perda, como aponta Quintela (2021), unindo-as em uma frente de luta e resistência.

A perspectiva da utilização das emoções como instrumento de luta política não tem a intenção de romantizar os sentimentos que transpassam esses corpos. Sua exteriorização, sua descrição explícita e a exposição das marcas que deixam nos corpos e no território constituem uma forma de humanizar as vítimas, de não deixar que esses casos sejam esquecidos, e de sensibilizar outros que possam somar-se à luta. A força dessas mães vem, em parte, da indignação que sucede à perda de seus filhos, e seu ativismo se alimenta dela (Rocha, 2018). Evocar tais emoções é uma estratégia política deliberada, que age como motor central da luta coletiva. O sofrimento "é visível, pressiona, movimenta"; é a tentativa de nomear algo que não tem nome, é a pedagogia de resistência dessas mães (Rocha, 2020, p. 196). Assim, a indignação, a raiva e outras emoções devem ser entendidas como categorias de resistência essenciais para a compreensão do funcionamento dos movimentos sociais, principalmente do movimento de mães (Rocha, 2018).

Os grupos de mães costumam se manifestar em público vestindo camisetas e portando faixas com fotos e nomes de seus filhos. É comum que organizem atos por justiça na porta dos Fóruns Criminais em razão do julgamento de policiais responsáveis pela morte de seus filhos ou dos filhos de mães de outros grupos. Também realizam eventos ou marchas em regiões mais centrais das cidades ou mesmo nas comunidades onde ocorreram os crimes. Nessas ocasiões, além de homenagear e relembrar fatos da vida das vítimas ou momentos de dor da perda, elas também protestam contra o Estado que violou seus direitos e contra a polícia violenta que matou seus filhos, denunciando a não identificação e/ou punição dos culpados pelas mortes (Quintela, 2021).

Outra característica desses grupos é a formação de redes e alianças com outros grupos, movimentos e organizações. Como apontado acima, por conta da interseccionalidade que atravessa o movimento de mães – na maioria dos casos formado por mulheres negras, pobres e moradoras de regiões periféricas e favelas –, há uma proximidade com outras pautas, como a questão racial. Por esse motivo, tais grupos dialogam e promovem ações em articulação com movimentos em defesa dos direitos humanos, movimentos de periferias e favelas, movimentos negros e contra o genocídio da população negra, movimento pelo desencarceramento, movimentos contra a violência de Estado etc. Além disso, também são apoiadas por organizações não governamentais (ONGs), grupos de universidades e de pesquisa, e pela mídia alternativa. Na maioria dos casos, não possuem vínculos partidários ou institucionais, tampouco financiamento externo de suas atividades, contando apenas com apoios pontuais (Graça, 2014; Quintela, 2021).

Nesse contexto de formação de redes e alianças, em 2016 – ano em que se completam 10 anos dos crimes de maio –, foi realizado, no dia 13 de maio, em São Paulo, o I Encontro Internacional de Mães de Vítimas da Violência do Estado: por Justiça, Reparações e Revolução! Nessa ocasião, foi criada a Rede Nacional de Mães e Familiares de Vítimas do Terrorismo do Estado, que reúne diversos grupos de mães e outras organizações que lutam pelo fim da violência institucional e policial contra a população negra e pobre, bem como pela responsabilização do Estado pelas mortes provocadas por seus agentes de segurança pública.

Em 2017, foi realizado entre os dias 19 e 20 de maio, no Rio de Janeiro, o II Encontro da Rede Nacional de Mães e Familiares de Vítimas do Terrorismo do Estado. No ano seguinte, entre os dias 16 e 21 de maio de 2018, ocorreu em Salvador (Bahia), o III Encontro. Em 2019, entre 18 e 21 de maio, realizou-se nas cidades de Hidrolândia e Goiânia (Goiás) e em Brasília, (Distrito Federal) a quarta edição do evento. O quinto encontro seria realizado em maio de 2020, mas, em razão do isolamento social necessário pela pandemia de COVID-19, o evento foi adiado. Assim, durante o ano de 2020, foram realizadas uma série de lives com os grupos que participariam do encontro; e, em 2021, durante o mês de maio, 14 coletivos de mães realizaram a Campanha Nacional de Mães por Memória, Justiça, Garantia de Direitos, Pão e Vacina para todos.

O V Encontro foi realizado, afinal, entre os dias 17 e 20 de maio de 2022, em Fortaleza(Ceará). Segundo a organização, o evento previa reunir mais de 120 participantes, representando cerca de 30 grupos de 12 estados brasileiros. Em 2023, entre 17 e 20 de maio, o VI Encontro ocorreu em Vitória (Espírito Santo) e, no ano seguinte, entre 15 e 19 de maio de 2024, foi a vez do Recife (Pernambuco) sediar o VII Encontro Nacional de Mães e Familiares de Vítimas do Terrorismo de Estado. De acordo com as organizadoras dos encontros, eles têm como objetivo "fortalecer a luta por Justiça daqueles que perderam seus familiares, dando visibilidade às violações de direitos perpetradas pelo Estado", e representam "um importante momento de troca de experiências entre os familiares, que vivem o cotidiano de ameaça e repressão e buscam a construir a memória de seus filhos".[16]

2. Mapeamento dos Grupos de Mães no Brasil

O mapeamento dos grupos de mães no Brasil, apresentado a seguir, foi iniciado a partir de uma pesquisa na internet sobre as organizações que participaram dos sete Encontros Nacionais de Mães e Familiares Vítimas de Violência do Estado, entre 2016 e 2024. As informações a respeito dos encontros estavam dispersas em diversas fontes, como sites de ONGs, notícias de jornais e blogs, além de redes sociais como o *Facebook*, *Youtube* e *Instagram*, e foram reunidas neste mapeamento. Além disso, buscou-se identificar os grupos de mães entre os membros da Rede Nacional de Mães e Familiares de Vítimas do Terrorismo do Estado. É importante ressaltar que nem todas as organizações participantes dos Encontros e da Rede são, de fato, grupos de mães: muitas delas trabalham com temáticas próximas, como, por exemplo, a questão das pessoas privadas de liberdade, do encarceramento, da violência de Estado e da questão racial. Assim, fazem parte deste mapeamento apenas os grupos de mães encontrados por meio das buscas descritas acima.

16. Ver: Rede Nacional de Mães e Familiares de Vítimas do Terrorismo do Estado. Wikifavelas, [S. l.], [2023]. Disponível em: https://wikifavelas.com.br/index.php/Rede_Nacional_de_M%C3%A3es_e_Familiares_de_Vitimas_do_Terrorismo_do_Estado.

Vale lembrar que o mapeamento aqui apresentado é exploratório e não corresponde ao universo total de grupos de mães existentes no Brasil. Esse tipo de estudo, feito apenas com base em pesquisas na internet, tem suas limitações. Alguns grupos de mães, por exemplo, podem não possuir qualquer presença digital (nem mesmo um perfil no *Facebook* ou *Instagram*, caso da maioria dos grupos encontrados neste mapeamento), ou ainda, ter pouca visibilidade, não sendo mencionados em notícias de jornal ou outras fontes acessíveis durante a pesquisa.

Os 39 grupos de mães e organizações identificados estão dispostos na tabela a seguir (tabela 1), juntamente com os estados onde se localizam e, quando disponível, a data de sua fundação.

Foram identificados 39 grupos de mães e familiares de vítimas de violência do Estado no Brasil, distribuídos em 13 dos 26 estados brasileiros. Desses grupos, nove estão localizados no Rio de Janeiro, oito em São Paulo, seis no Ceará, três em Minas Gerais, três em Goiás, dois na Bahia, dois no Amazonas, dois no Paraná, um no Espírito Santo, um no Pará, um no Sergipe, e um no Rio Grande do Norte. Embora existam grupos de mães em todas as regiões brasileiras, é notável que 21 deles estejam localizados na Região Sudeste.

Dos 39 grupos identificados, foi possível identificar a data de fundação da organização de apenas 16. Dentre esses, um foi fundado em 1998, três entre 2001 e 2010, e doze entre 2011 e 2020. Ainda que os dados disponíveis correspondam a menos da metade das organizações, é possível observar que o número de grupos de mães cresceu consideravelmente na última década.

A pequena, ou nenhuma, quantidade de informações encontradas na internet, em suas várias fontes, não permitiu uma análise mais aprofundada sobre outros aspectos dos grupos de mães. Além das menções como integrantes da Rede Nacional de Mães e Familiares de Vítimas do Terrorismo do Estado, ou como participantes dos sete Encontros, não foram identificadas informações adicionais sobre a maioria dos grupos.

Tabela 1: Mapeamento dos Grupos de Mães no Brasil

Item	Nome	Estado	Ano de Fundação
1	Associação de Mães e Amigos da Criança e Adolescente em Risco (AMAR)	São Paulo	1998
2	Associação de Mães e Familiares de Vítimas de Violência do Estado do Espírito Santo (AMAFAVV)	Espírito Santo	2001
3	Coletivo de Mães do Rio Grande do Norte	Rio Grande do Norte	-
4	Coletivo do Amazonas	Amazonas	-
5	Coletivo Filhos Roubados, Mães Dizimadas (FRMD)	Paraná	2024
6	Coletivo Mães de Brumado	Bahia	-
7	Coletivo Mães de Manaus	Amazonas	-
8	Coletivo Saudade	Sergipe	-
9	Grupo de Mulheres e Familiares de Adolescentes em Cumprimento de Medida Socieducativa	Ceará	2013
10	Instituto Memória e Resistência	Goiás	-
11	Mães da Maré	Rio de Janeiro	-
12	Mães de Belo Horizonte	Minas Gerais	-
13	Mães de Maio	São Paulo	-
14	Mães de Maio da Leste	São Paulo	-
15	Mães de Maio do Cerrado	Goiás	2019
16	Mães de Maio do Nordeste	Bahia	-
17	Mães de Maio Minas Gerais	Minas Gerais	-
18	Mães de Manguinhos	Rio de Janeiro	2014
19	Mães de Osasco e Barueri (Associação 13 de Agosto)	São Paulo	2015
20	Mães de Paraisópolis	São Paulo	-
21	Mães do Cárcere	Ceará	-

22	Mães do Xingu	Pará	2017
23	Mães e Familiares do Curió	Ceará	2015
24	Mães em Luto da Zona Leste	São Paulo	-
25	Mães Mogianas	São Paulo	-
26	Mães pela Paz	Goiás	-
27	Mães Vítimas da Chacina da Baixada	Rio de Janeiro	-
28	Movimento de Mães – AMAR do Rio de Janeiro	Rio de Janeiro	-
29	Movimento de Mães da Periferia de Vítimas Por Violência Policial do Estado do Ceará	Ceará	2020
30	Movimento Moleque	Rio de Janeiro	2003
31	Núcleo de Mães de Vítimas da Violência	Rio de Janeiro	-
32	Rede de Comunidades e Movimentos contra a Violência	Rio de Janeiro	2004
33	Rede de Mães de Luta – Minas Gerais	Minas Gerais	2019
34	Rede de Mães e Familiares de Vítimas da Violência de Estado na Baixada Fluminense	Rio de Janeiro	2017
35	Rede Mães do Ceará	Ceará	2018
36	Rede Mães Vítimas do Estado	Rio de Janeiro	-
37	Rede Nacional de Mães e Familiares de Vítimas do Estado	São Paulo	2016
38	Rede Nenhuma Vida a Menos – Curitiba e Região	Paraná	-
39	Vozes de Mães e Familiares do Sistema Socioeducativo e Prisional do Ceará	Ceará	-

Fonte: Pesquisa realizada pelas autoras

Na linha do que concluiu Quintela (2021), pode-se dizer que, se a letalidade policial e a violência institucional continuarem aumentando nas cidades brasileiras, a "tendência é que o movimento de mães de vítimas de violência policial se expanda e se solidifique enquanto ação coletiva" (p. 887).

Para a autora, esse aumento não se daria apenas em termos numéricos, mas também em termos da capacidade de mobilização e pressão do movimento de mães, que poderia se consolidar como ator relevante na arena pública brasileira (*Ibid.*).

3. Mães de Osasco e Barueri

Em agosto de 2015 ocorreu mais uma série de ataques deliberados perpetrados por agentes de segurança pública, dessa vez mascarados e sem a farda, que executaram 19 moradores do bairro do Jardim Munhoz, na divisa entre Osasco e Barueri. Durante cinco dias, entre 8 e 13 de agosto, membros da Polícia Militar do Estado de São Paulo e da Guarda Civil de Barueri aterrorizaram os moradores da região no que ainda é a maior chacina do Estado de São Paulo. Logo após o ocorrido, integrantes das Mães de Maio, já iniciadas na luta, foram até a casa de Zilda de Paula, mãe de Fernando Luís de Paula, uma das vítimas da chacina, para levar apoio e chamar atenção para os caminhos de sua militância. Foi a partir desse contato, somado ao apoio recebido da ONG Rio de Paz, que foi fundada a Associação 13 de Agosto, mais conhecida como Mães de Osasco e Barueri. Assim, mulheres que perderam seus filhos e familiares na chacina, passam a combinar em seu cotidiano, o luto e a revolta contra a violência do Estado, o trabalho e as tarefas domésticas e o cuidado com os netos, agora órfãos, e a organização de atos para expor a brutalidade que assassinou seus filhos.

As Mães de Osasco e Barueri se organizam a partir de encontros presenciais e *on-line* (sobretudo a partir do isolamento social provocado pela pandemia de COVID-19), nos quais discutem os próximos atos do movimento, acompanham o andamento dos processos judiciais relacionados ao caso, fazem contato com ativistas e apoiadores de sua luta e, principalmente, prestam apoio umas às outras e a outros movimentos de mães que a letalidade policial segue produzindo. Em 2019, por exemplo, no mesmo ano em que dois dos agentes responsáveis pela Chacina de Osasco e Barueri tiveram suas sentenças anuladas, outras nove mães foram integradas a essa rede de auxílio e luta após perderem seus filhos em uma operação policial ocorrida em Paraisópolis. Maria Cristina, uma das Mães de Paraisópolis, declarou à Ponte Jornalismo: "Eu encontrei nelas a força para continuar [...] Eu sabia que existia esse trabalho delas e não sabia como funcionava, da mesma forma que nunca pensei que um dia eu seria uma delas. A gente precisa fazer isso aqui para manter a memória dos nossos viva" (Mendes, 2022, [s.p.]). Assim como as Mães de Maio colaboraram para a formação da Associação 13 de Agosto, as mães de Osasco apoiaram as de Paraisópolis, e vice-versa, revelando o vínculo essencial entre os movimentos de mães, que mantêm vivas suas reivindicações.

Essa disputa em torno da memória é primordial nos atos das mães, que se esforçam para manter viva a existência de seus filhos e reafirmar sua inocência frente às diversas acusações e estereotipizações promovidas majoritariamente pela imprensa, mas também pela sociedade e instituições do sistema de justiça – que os acusam, como se houvesse justificativa para suas mortes:

> As narrativas por elas trazidas, como veremos adiante, surgem da tentativa de montar um quebra cabeças, juntando fatos, documentos e provas em um incessante esforço de comprovar que seus filhos trabalhavam, estudavam, eram bons filhos e não tinham qualquer relação com atos ilícitos, em uma tentativa de restituí-los a dignidade que os relatos oficiais tentam obliterar através do acionamento de uma gramática moral, em que certas mortes são entendidas como legítimas (Vianna e Farias, 2011 *apud* Pina, 2022, p. 48).

Nas falas de Zilda de Paula, por exemplo, é comum ouvir suas lembranças sobre o dia da chacina, quando seu filho a ajudava a pintar as paredes de casa. Após terminar o trabalho, a saída de Fernando para cortar o cabelo lhe custou a vida. Desde então, Zilda assumiu um papel de liderança junto às companheiras de luta das Mães de

Osasco e Barueri. Aposentada, ela afirma ter mais tempo do que as outras mães para organizar o grupo e se comunicar com outros movimentos e ativistas, de forma que sua vida pessoal se torna um emaranhado entre o corriqueiro e a militância, que muitas vezes se confundem. Sua rotina, além dos constantes bipes do celular zunindo, é a do "doloroso e trabalhoso processo de se reconstruir e se reorganizar para continuar a viver com a ausência de seu[s] filho[s] e com as tantas interrogações e vazios que sua[s] morte[s] deixa[m]" (Pina, 2022, p.44), sustentando, em meio a isso, a continuidade do grupo e de sua luta. Em alguns de seus depoimentos, no entanto, em especial nos atos de 7 anos da chacina, Zilda declara o esmorecimento de sua motivação para seguir lutando.

Em um primeiro momento, a motivação primordial da criação da Associação 13 de Agosto foi a busca pela responsabilização e condenação dos autores do massacre no âmbito do Estado. Nove anos depois, no entanto, a luta delas assume outro formato, principalmente após a condenação e posterior absolvição de parte dos agentes identificados como autores da chacina; a acusação de que as mães estariam associadas ao Primeiro Comando da Capital (PCC), com intuito de deslegitimá-las; e as infindáveis chacinas ao redor do Brasil. O fim da crença nos dispositivos jurídicos estatais e a contínua abstenção do Estado em se responsabilizar pela chacina e indenizar os familiares das vítimas, além do contato com outros movimentos sociais, ampliam suas reivindicações e formas de atuação.

Primeiramente, torna-se perceptível o lugar que a união entre as mães ocupa enquanto rede de apoio às próprias integrantes – manifestada tanto na possibilidade de dividir suas dores com outras pessoas que compartilham a mesma vivência, quanto no suporte financeiro oferecido, como a arrecadação de cestas básicas realizada pelas próprias mães. Como afirma Zilda em diversas ocasiões, sua luta não é apenas por seus filhos, mas pelos vivos, em nome daqueles marginalizados e das necessidades dos que ainda estão aqui. Nesse sentido, a Associação 13 de Agosto se ocupa de preencher o espaço onde o Estado, autor da sua perda, se faz ausente.

Em segundo lugar, ressalta-se o contato com demais atores que agregam à sua luta, como frentes antirracistas e abolicionistas, jornalistas, pesquisadores universitários e outros grupos de mães que denunciam a letalidade das forças de segurança pública. Essa interação, somada à continuidade infindável de morticínios propagados pelo Estado, expõem a inserção da chacina de 2015 em uma conjuntura mais abrangente de institucionalização de uma política de extermínio racista alicerçada na violência policial. Fala-se de uma política de morte que define quais corpos têm valor e quais devem ser eliminados:

> [...] alguns corpos são tidos como matáveis, e a violência que lhes é atribuída é evocada à exaustão em discursos de representantes do Estado e policiais são condecorados quando cumprem suas tarefas de executar essas vidas, inscritas como baixas de guerra. Retomando brevemente algumas considerações de Butler (2019) nesse sentido, a autora nos convida a pensar sobre o registro atribuído a essas mortes, tidas como desimportantes, ou ainda, como resultado de uma limpeza social: "...se uma vida não é digna de luto, ela não é bem uma vida; ela não se qualifica como uma vida e não é digna de nota". (Pina, 2022, p. 48).

Ainda que cientes dessa realidade e da assimetria frente às forças contra as quais lutam, as mães não se calam e parte do seu esforço se deposita no mantra repetido em diversos atos: "eu sou a voz do meu filho". Em suas manifestações, assim, são recorrentes os testemunhos acerca das histórias dos parentes que perderam, submetendo-se a reviver essa dor ininterruptamente em nome do esforço para que essas vidas não sejam esquecidas. Já descrentes da possibilidade de justiça, uma vez que nada possibilitará o reencontro com seus filhos, sua atenção se volta agora, nas palavras de Zilda, à "luta pelos vivos" e ao apoio a outras mães na superação emocional do luto e nas necessidades materiais básicas.

A partir dessas motivações, principalmente em relação à proteção de outros jovens pretos e periféricos, alvos dessa política de extermínio que levou seus filhos, ressalta-se, mais uma vez, o entrelaçamento da militância dos grupos de mães à de outros movimentos sociais, como a luta antirracista e abolicionista penal. De maneira geral, a luta dessas mulheres se materializa hoje em uma frente contra a violência policial sistemática e o genocídio empreendido por ela. Em relato de Aparecida Gomes, cujo filho Leandro também foi morto na chacina de 2015, ela afirma sua descrença na polícia após recorrentes testemunhos de brutalidade e humilhação promovidos por esses agentes. Esse tratamento também é reconhecido por Zilda, que relembra casos anteriores à chacina sofridos por seu filho Fernando, reiterando o claro recorte de raça e classe. É como os dizeres que estampam as camisetas usadas por diversos grupos de mães em seus atos, "imagine a dor, adivinhe a cor".

A militância das Mães de Osasco manifesta-se, portanto, a partir da ocupação de espaços públicos e midiáticos, da constante rememoração da chacina e de seus responsáveis, do incessante empenho em dar voz e honrar seus mortos. Ela revela os frutos fúnebres do militarismo e do racismo de Estado, enquanto se apoia na solidariedade entre as mães que foram obrigadas a enterrar seus filhos. Em um sopro, a rotina dessas mulheres, em sua maioria pretas ou pardas, moradoras da favela, foi tomada pela luta incessante para conquistar o direito de voz que originalmente lhes foi negado, reivindicando sua existência no espaço público. Não se trata de romantizá-las nem vitimizá-las, mas de compreender que seu sofrimento não é eventual: ele representa uma realidade de opressão e letalidade que marca a história de um país intrinsecamente violento e assassino. A luta dessas mães, afinal, que de início se traduz no mais elementar direito de ser mãe e não ter seu filho executado pelo Estado, torna-se uma frente de resistência contra uma trama complexa de preconceitos sistematizados e institucionalizados que mata milhares de jovens todos os anos no Brasil.

"Eu não esqueço do jeito que ele estava deitado, não esqueço da roupa que ele estava... Foi tanto que eu falei com o delegado: 'eu não quero esse celular, pode quebrar e jogar fora', porque eu não vou ficar com uma coisa que vai me trazer mais recordações ainda, né? Então eu não quis, nem aceitei. Falei: 'quebra e joga no lixo, o importante foi meu filho, ele não está mais aqui, nem tem como voltar mais'"

– Antônia

Amicus curiae sobre a responsabilidade civil do Estado pela Chacina de Osasco e Barueri: um instrumento de intervenção jurídica e sua dimensão formativa

Carla Osmo, Fernanda Emy Matsuda, Helena Ambiel, Lia Carolina Batista Cintra e Maria Cecília de Araujo Asperti

Introdução

No ano em que o projeto *Políticas de segurança e violência de Estado: relatos de luta e imagens de resistências das mães da Chacina de Osasco de 2015* foi criado, em 2021, houve também outros dois acontecimentos novos no Campus Osasco da Unifesp, que confluíram para os trabalhos que passaríamos a desenvolver: a inauguração do Curso de Direito da Unifesp, com o ingresso de sua primeira turma, e o início das atividades da Clínica de Direitos Humanos da Unifesp, após um ano de trabalho de estruturação.

O Curso de Direito da Unifesp passou por um processo de concepção, debate e construção de mais de dez anos, que resultou em um projeto pedagógico com o mote "Direito, Democracia e Interesse Público", ancorado na formação jurídica para a transformação social e com interlocução com demandas externas à universidade (Pereira *et al.*, 2021). A Clínica de Direitos Humanos (CDH/Unifesp) é um projeto de extensão desse curso e do Curso de Relações Internacionais da Unifesp. Seu trabalho é voltado à construção e realização de ações, envolvendo um grupo multidisciplinar de estudantes e docentes da Unifesp e parcerias externas, com o objetivo de colaborar com grupos da sociedade civil na busca de acesso e realização dos direitos humanos.

O estabelecimento de uma frente jurídica de apoio à luta das mães das vítimas da Chacina de Osasco e Barueri configurou-se, assim, como a primeira ação de extensão de intervenção real no campo dos direitos humanos do Curso de Direito da Unifesp, por meio da Clínica de Direitos Humanos. Essa frente jurídica propôs-se a contribuir com os esforços destinados à obtenção da responsabilização do Estado pela chacina – um dos objetivos da luta da Associação 13 de Agosto. O tema levou à proposição de uma parceria com o grupo da FGV Direito SP, que já vinha desenvolvendo trabalhos sobre processos de responsabilização civil por violência policial.

Este capítulo tem o objetivo de apresentar o trabalho realizado pela frente jurídica do projeto referente à Chacina de Osasco e Barueri e à luta das mães e familiares das vítimas. Esse trabalho, desenvolvido ao longo de um ano, envolveu simultaneamente pesquisa e extensão, em uma parceria entre a Clínica de Direitos Humanos da Universidade Federal de São Paulo (CDH/UNIFESP) e o Centro de Assistência Jurídica Saracura (CAJU), dos/as estudantes da Escola de Direito de São Paulo da Fundação Getúlio Vargas (FGV Direito SP). Seu primeiro produto foi a intervenção como *amicus curiae* em ação judicial indenizatória visando à responsabilização do Estado por violência policial, em maio de 2022. A exposição a ser realizada abordará, em primeiro lugar, o que são as clínicas jurídicas, quais os objetivos e métodos desse tipo de trabalho que vem ganhando espaço nos cursos de direito no Brasil, e de que maneira a CDH/Unifesp se insere nesse contexto (seção 1). Em segundo lugar, será apresentado o CAJU enquanto entidade de assistência jurídica universitária, destacando-se seu trabalho no contexto de promoção de acesso à justiça no Brasil, bem como sua interlocução com o ensino e a pesquisa, no caso específico dos debates sobre responsabilidade civil do Estado em casos de violência policial (seção 2).

Em seguida, será introduzido o significado jurídico de *amicus curiae*, bem como as razões pelas quais se optou por esse instrumento processual para contribuir com a luta pela responsabilização do Estado pela Chacina de Osasco e Barueri (seção 3). Considerando os desafios e questões jurídicas centrais envolvidos no caso – em especial o problema da invisibilização do evento e da falta de conhecimento público sobre as circunstâncias em que a chacina se deu, além do argumento usado pelo Estado de São Paulo de que não teria responsabilidade por atos de agentes públicos praticados fora de serviço –, o capítulo tratará, então, do caminho escolhido para a construção da manifestação: o uso do processo criminal como fonte para a elaboração de uma narrativa sobre os fatos do caso (seção 4); a pesquisa em documentos do direito internacional dos direitos humanos (seção 5); e a pesquisa na jurisprudência do Tribunal de Justiça do Estado de São Paulo (seção 6). Com essa exposição, espera-se não apenas trazer a público como se deu o percurso que resultou na intervenção como *amicus curiae*, mas também contribuir para reflexões em torno desse tipo de atividade no âmbito de cursos de graduação.

1. As clínicas jurídicas e a Clínica de Direitos Humanos da UNIFESP

As clínicas jurídicas passaram a ser incorporadas nos cursos de direito no Brasil a partir dos anos 2000, com o protagonismo de clínicas na área dos direitos humanos. Sua inspiração foi um modelo construído inicialmente em universidades dos Estados Unidos, a partir da crítica ao excessivo formalismo dos cursos de direito daquele país e sua incapacidade de formar aptidões para a vida profissional, e da percepção de que se deveria proporcionar aos estudantes uma aproximação com a prática jurídica dentro da universidade. Antes do Brasil, outros países latino-americanos, como Chile, Argentina, Colômbia e Peru, já haviam adotado as clínicas jurídicas como parte da formação em direito, dando destaque, frente à realidade da região, à importância de que trabalhassem em temas de interesse público, e adotassem o litígio estratégico – ou seja, a litigância em casos paradigmáticos que pudessem ter impactos mais abrangentes – como forma de atuação (Lapa, 2014).

No Brasil, as clínicas jurídicas surgiram inicialmente como iniciativas isoladas de docentes que haviam conhecido essas experiências em outros países e passaram a desenvolver trabalhos em espaços como grupos de pesquisa e projetos de extensão, envolvendo estudantes de graduação e/ou pós-graduação. Os cursos de direito no país já contavam com experiências em ações extensionistas e de prática jurídica, como as assessorias jurídicas universitárias populares, a assistência jurídica oferecida por Núcleos de Prática Jurídica e os balcões de direito, que também serviram como referência para a construção do que seriam as clínicas jurídicas no Brasil. O primeiro esforço de reflexão conjunta a respeito desse modo de atuar no âmbito dos cursos de direito se deu com a criação da Rede Amazônica de Clínicas de Direitos Humanos, em 2011. Depois, universidades em todo o país passaram a incorporar o modelo, e o foro de discussão a seu respeito se ampliou com a constituição de uma rede nacional de clínicas jurídicas. Levantamento realizado em 2020-2021 mapeou 81 clínicas jurídicas no Brasil e indicou que o número seguia em crescimento (Ribeiro *et al.*, 2021, p. 58).

São considerados traços definidores do trabalho no modelo das clínicas jurídicas: consistir em um método de ensino voltado aos estudantes, caracterizado pela aproximação entre teoria e prática, pelo trabalho em equipe e pelo incentivo à autonomia discente; atuar em casos complexos e reais; usar o direito de diferentes maneiras, que incluem, mas não se restringem, ao uso dos processos judiciais; fomentar a pesquisa empírica; promover uma formação humanística com abordagem interdisciplinar; e ter um compromisso com a promoção de justiça social (Ribeiro *et al.*, 2021, p. 23-37). Assim, se as clínicas se voltam à construção de intervenções reais de interesse público, elas também são, em essência, um método pedagógico, de maneira que toda atividade deve ter relevância formativa para o grupo de estudantes que dela participe.

O Projeto Pedagógico do Curso de Direito da Unifesp apresenta as clínicas jurídicas como o espaço do curso destinado tanto à formação prática quanto à realização de ações extensionistas. Prevê-se que, para além da possibilidade de qualquer estudante se vincular a projetos de extensão que atuem nesse formato, todas/os estudantes do Curso de Direito da Unifesp deverão, obrigatoriamente, cursar unidades curriculares de clínica de prática jurídica. A Clínica de Direitos Humanos (CDH/Unifesp) foi criada em 2020 como um projeto de extensão compartilhado entre os Cursos de Direito e de Relações Internacionais da Unifesp, sendo, para o Curso de Direito, especificamente, a primeira experiência desse tipo de trabalho a integrar os eixos estruturantes de seu projeto pedagógico. Assim, o projeto – que teve início antes do ingresso da primeira turma de estudantes do Curso de Direito da Unifesp, com a participação de outros cursos, especialmente de Relações

Internacionais –, passou a ter um engajamento relevante também por parte desses estudantes do Direito que ingressavam agora.

Como parte de suas atividades de estruturação, a CDH/Unifesp realizou o mapeamento das organizações da sociedade civil de Osasco, buscando identificar os grupos atuantes na cidade, estabelecer um diálogo preliminar com alguns deles, e conhecer as principais questões de direitos humanos enfrentadas e promovidas em suas lutas. A decisão de realizar o mapeamento partiu da percepção de que, tendo em vista os objetivos definidos para o projeto, seria importante partir de uma compreensão da realidade dos direitos humanos na região, como os grupos atuantes se organizam, e quais os objetivos de suas ações. Por meio desse mapeamento, identificou-se que, segundo diferentes grupos atuantes no campo dos direitos humanos, a violência policial está entre os principais problemas enfrentados na região – o que converge com resultados de pesquisas no campo da segurança pública, que apontam Osasco como um dos municípios com maior número de mortes decorrentes de intervenção policial no Estado de São Paulo (Bueno, Lima, Teixeira, 2019).

A aproximação com as mães das vítimas da Chacina de Osasco e Barueri foi outro fator que motivou a decisão de que a CDH/Unifesp tivesse, como uma de suas frentes de atuação, o tema da violência policial e dos direitos humanos. Especificamente, a partir de conversas com a Associação 13 de Agosto, percebeu-se que poderia ser relevante oferecer apoio jurídico à luta pela responsabilização do Estado pela chacina. As diferentes famílias haviam proposto ações de indenização contra o Estado de São Paulo e o Município de Barueri e aguardavam a solução desses processos. Pesquisas anteriores (Machado, Machado, Fonseca, 2021; Asperti *et al.*, 2020) mostram que as famílias de vítimas de violência de Estado enfrentam grande dificuldade para obter indenizações em patamares razoáveis.

Assim, definiu-se que a CDH/Unifesp desenvolveria um trabalho voltado a fortalecer as demandas pelo reconhecimento da responsabilidade do Estado e pela reparação às famílias. Isso seria feito de uma forma muito próxima ao grupo de mães e familiares das vítimas, e de modo a envolver estudantes em todo o processo, apostando tanto na possibilidade de contribuir com a luta da Associação 13 de Agosto, quanto no potencial formativo dessa atividade para futuras/os profissionais do direito. O tema da responsabilidade civil em casos de violência policial levou ainda à constituição da parceria com o CAJU, da FGV Direito SP.

2. O CAJU (FGV Direito SP) e a assistência jurídica universitária no debate sobre responsabilidade civil do Estado em casos de violência policial

O Centro de Assistência Jurídica Saracura (CAJU) surgiu como uma iniciativa das estudantes da FGV Direito SP para promoção do acesso à justiça e à luta por direitos de forma dialógica e engajada, mediante atendimento jurídico gratuito à população vulnerável e hipossuficiente, projetos de assessoria jurídica popular e de litígio estratégico, e com foco na proteção de direitos sociais e no combate às desigualdades. Inspirado na história do rio Saracura, que atravessa o subsolo da região do Bixiga e onde fora estabelecido um quilombo de resistência homônimo, o CAJU homenageia, em seu nome, a história da região onde a Escola de Direito da FGV está situada. Seu atendimento é focado na interlocução com a comunidade do entorno e na identificação de problemáticas sociais em que seja possível realizar projetos de incidência, considerando, especialmente, as agendas de pesquisa já desenvolvidas por discentes e docentes da FGV Direito SP.

Adotando a estrutura jurídica de uma associação, composta por discentes, docentes, egressos e advogados/as orientadores/as, o CAJU é hoje uma entidade estudantil de caráter extensionista, que mobiliza a comunidade acadêmica em interlocuções com grupos e movimentos diversos para atuações específicas. Além disso, realiza diariamente o atendimento individual gratuito de demandas jurídicas em áreas diversas, mediante triagem socioeconômica nos moldes da Defensoria Pública.

A temática da violência de Estado e letalidade policial já estava presente nas agendas de pesquisa da FGV Direito SP desde antes da criação do CAJU e permeou a própria criação e estabelecimento da entidade. Há mais de uma década, professoras e pesquisadoras da FGV levantam dados sobre o Massacre do Carandiru, culminando na criação da plataforma *Memória Carandiru*, parte do projeto *Carandiru Não é Coisa do Passado*, desenvolvido em parceria com a Andhep (Associação Nacional de Direitos Humanos, Pesquisa e Pós-graduação). O projeto tem como objetivo reunir documentos, pesquisas e reflexões sobre os fatos ocorridos em 2 de outubro de 1992, seus desdobramentos e violações persistentes no sistema prisional brasileiro. Parte deste trabalho compreendeu o levantamento de dados sobre as ações movidas por familiares das vítimas do massacre (Machado, Machado, Fonseca, 2021), dados esses que também foram trabalhados, em 2018, pela Clínica de Acesso à Justiça da FGV Direito SP, que tratou, especificamente, dos óbices de acesso à justiça enfrentados nesses casos (Asperti, 2020). Em 2019, foi estruturado o Projeto Multidisciplinar sobre atuação policial (*Quem policia a polícia?*), no qual também foram realizados levantamentos de dados sobre abordagem policial, ações de reparação civil de vítimas, e atuação das ouvidorias da polícia e do sistema de justiça no controle da atuação policial. Com a criação do CAJU, os/as estudantes passaram a se engajar nessas iniciativas, buscando aliar a pesquisa aplicada e as reflexões realizadas em sala de aula a uma atuação estratégica pela via da atividade extensionista.

Em 2021, o CAJU juntou-se à Clínica de Direitos Humanos da Unifesp para atuar na temática da violência de Estado e no direito à reparação por parte das vítimas, tendo como primeiro projeto conjunto a elaboração da manifestação de *amicus curiae* apresentada no processo judicial relativo à Chacina de Osasco e Barueri. Além desse *amicus*, a parceria entre discentes, docentes e pesquisadoras/es da Unifesp e da FGV Direito SP, ligadas/os a esses mesmos projetos e também a outros – somaram-se ao grupo projetos do Centro de Antropologia e Arqueologia Forense da Unifesp e do Núcleo de Direito e Gênero da FGV Direito SP – já resultou em outros projetos de atuação estratégica. Entre eles, destacam-se: a elaboração de *amicus curiae* apresentado à Corte Interamericana de Direitos Humanos, para responsabilização do Estado brasileiro no caso *José Airton Honorato e Outros vs. Brasil*, também conhecido como *Caso Castelinho*; a elaboração de artigos para a mídia relativos ao julgamento a ser realizado pelo Superior Tribunal de Justiça para reparação por danos morais contra Carlos Alberto Brilhante Ustra, responsável por comandar os atos de tortura que levaram à morte de Luiz Eduardo Merlino durante a ditadura militar; e a realização de encontros e reuniões abertas com vítimas e sobreviventes, dentre outros.

3. O que é *amicus curiae* e por que esse instrumento jurídico foi escolhido para atuação no caso da Chacina de Osasco e Barueri

Quando conflitos civis não são resolvidos de forma espontânea entre as pessoas envolvidas, é possível recorrer a um meio de solução de conflitos oferecido pelo Estado, ou por ele reconhecido. No caso da Chacina de Osasco e Barueri, o Estado não adotou nenhuma providência espontânea para reparação dos danos sofridos pelos familiares das vítimas, o que levou ao ajuizamento de demandas individuais pleiteando reparações (indenizações e, em alguns casos, pedidos de desculpas) pelos assassinatos.

A lei disciplina a forma como esses conflitos devem ser resolvidos quando não há solução espontânea; a isso dá-se o nome de direito processual (mais especificamente, direito processual civil, quando se trata de conflitos civis). Embora isso dependa de verificação empírica, a premissa teórica é sempre a de buscar a melhor forma de resolver o conflito (seja em relação ao percurso até a obtenção de uma decisão, a que se dá o nome de processo, seja em relação à decisão em si). Com esse ideal como norte, a legislação prevê técnicas voltadas ao aprimoramento da prestação jurisdicional. Algumas delas viabilizam a participação, no processo, de outras pessoas além de autor e réu. Tais técnicas são muito variadas e seu conjunto recebe o nome de "intervenções de terceiros".

Amicus curiae é uma dessas espécies de intervenção de terceiros, disciplinada pelo Código de Processo Civil brasileiro. Segundo seu art. 138, "o juiz ou o relator, considerando a relevância da matéria, a especificidade do tema objeto da demanda ou a repercussão social da controvérsia, poderá, por decisão irrecorrível, de ofício ou a requerimento das partes ou de quem pretenda manifestar-se, solicitar ou admitir a participação de pessoa natural ou jurídica, órgão ou entidade especializada, com representatividade adequada, no prazo de 15 (quinze) dias de sua intimação".

É difundida entre especialistas da área a crença segundo a qual o *amicus curiae* tem o potencial de promover o aprimoramento das decisões judiciais, pois sua participação amplia e aprofunda o debate no processo. A despeito de a redação do art. 138 do Código de Processo Civil ser excessivamente técnica para ser compreendida por leigos, importa destacar que tanto o julgador pode, "considerando a relevância da matéria, a especificidade do tema objeto da demanda ou a repercussão social da controvérsia", convocar especialistas para participar do processo, quanto os próprios especialistas podem, cientes da pendência de um processo que preencha tais requisitos, pedir para dele participar.

Tendo em vista que a lei permite indistintamente "a participação de pessoa natural ou jurídica, órgão ou entidade especializada", duas entidades que reúnem estudiosos de temas relevantes para a decisão a ser proferida em processos iniciados por demandas em que se pleiteia, contra o Estado, reparação de danos decorrentes da Chacina de Osasco e Barueri, pleitearam sua participação no processo como *amici curiae*. Essas entidades são: a Clínica de Direitos Humanos da Universidade Federal de São Paulo (CDH/UNIFESP) e o Centro de Assistência Jurídica Saracura (CAJU), vinculado à Escola de Direito de São Paulo da Fundação Getúlio Vargas (FGV Direito SP).

Na petição em que se pleiteou o ingresso dessas entidades como *amici curiae*, foi destacado que o "pedido de intervenção como *amici curiae* tem o objetivo de contribuir para a melhor tomada de decisão nos processos voltados à responsabilização do Estado e indenização de familiares, que pudemos localizar, relativos à Chacina de Osasco e Barueri, ocorrida no dia 13 de agosto de 2015, e às execuções que a antecederam (que ficaram conhecidas como "pré-chacina"), ocorridas em 8 de agosto de 2015". Para tanto, cada entidade buscou contribuir com pesquisas e informações em sua respectiva área de especialidade.

Na etapa que antecedeu a elaboração da manifestação, foram buscados e localizados dez processos judiciais nos quais familiares pleiteavam indenizações em razão das mortes provocadas por agentes estatais na chacina.

Isso revela uma questão interessante e sempre muito debatida do ponto de vista jurídico: alguns eventos juridicamente relevantes possuem notórias repercussões individuais ao mesmo tempo em que se inserem em um contexto coletivo.

Pertence ao senso comum a crença segundo a qual familiares sofrem com a morte de uma pessoa da família – especialmente as mães, que compõem a maioria das pessoas que pleiteiam indenizações nos processos relacionados à chacina. Se uma pessoa, caminhando pela rua, cai, bate a cabeça e morre, é possível que sua mãe sofra. Se uma pessoa está em casa, sofre um mal súbito e morre, é possível que sua mãe sofra. Se uma pessoa é assassinada por agentes estatais, é possível que sua mãe sofra. Em todas essas situações, o sofrimento é comum, mas não há mais nada que faça surgir um contexto comum a elas.

Quando se pensa nas mortes provocadas pelo Estado as coisas mudam. São vítimas da violência estatal, majoritariamente, pessoas negras (mais especificamente, homens jovens negros), pobres e periféricas. E isso não acontece por acaso. Pesquisas mostram que essa violência letal, praticada por agentes estatais, produz impactos específicos sobre as mulheres, especialmente as mães, que frequentemente protagonizam as lutas por respostas e contra a violência de Estado (CAAF/Unifesp *et al.*, 2023; Quintela, 2021). Permitir que uma demanda envolvendo pedido de indenização em um caso assim, seja julgado como se fosse apenas mais uma demanda envolvendo sofrimento materno, é um erro. O Judiciário precisa compreender o contexto coletivo em que se insere esse tipo de demanda, ainda que elas sejam veiculadas – legítima e "corretamente", frise-se – de forma individual, é um erro. A melhor maneira de levar essas informações às juízas ou aos juízes responsáveis pelos julgamentos é a intervenção de entidades especializadas no tema como *amici curiae*.

Nesse sentido, no caso específico tratado neste texto, a intervenção buscou trazer: (i) visão abrangente dos fatos, que permita melhor compreensão sobre a letalidade policial no Estado de São Paulo; (ii) informações sobre o entendimento (jurisprudência) da Corte Interamericana de Direitos Humanos a respeito de responsabilização estatal por violação aos direitos humanos, tendo em vista que a ausência de tutela adequada dentro do país (o que envolve decisões inadequadas do Poder Judiciário), pode ensejar responsabilização internacional do Estado e é necessário que juízas e juízes tenham essa compreensão no momento de julgar; (iii) apresentação de resultados de pesquisa realizada na jurisprudência do Tribunal de Justiça do Estado de São Paulo (TJSP), com o exame de julgamentos ocorridos entre janeiro de 2015 e junho de 2021 em casos de demandas pleiteando indenização de familiares de vítimas de violência perpetrada por agentes de segurança pública.

Um exame adequado do pedido de intervenção certamente municia juízas e juízes de informações que lhes permitam compreender melhor o contexto em que cada demanda individual se insere, para que profiram decisões melhores.

4. O uso do processo criminal como fonte para a construção da intervenção

Apostar nos autos do processo criminal como fonte para a pesquisa exige cuidados no que diz respeito à metodologia e às possibilidades do material. De um lado, é possível afirmar que a grande quantidade de informações, reunida em mais de dez mil páginas, impõe uma primeira dificuldade à leitura: é preciso criar estratégias de sistematização que permitam a devida apreensão dos dados factuais presentes nos documentos. De outro lado, é igualmente verdadeiro afirmar que as informações dispostas nos vários volumes do processo não apenas são incapazes de dar conta dos fatos – e, especialmente, do contexto que ensejou a intervenção da justiça criminal –, como também fazem prevalecer determinadas versões em detrimento de outras, refletindo as desigualdades que constituem o próprio substrato da violência de Estado de que trata o procedimento judicial. Assim, é a partir dessa perspectiva, que considera as assimetrias entre as pessoas envolvidas nos processos e as disputas de interpretação dos acontecimentos, que os autos do processo criminal que versam sobre a Chacina de Osasco e Barueri foram encarados. A despeito dessas limitações, é inegável que as milhares de páginas, dispostas de forma não cronológica, segundo uma organização muito particular e com uma linguagem hermética – fatores que dificultam sua decodificação –, fornecem peças-chave para a compreensão dos eventos que resultaram na maior chacina do Estado de São Paulo.

Os autos do processo criminal 0022580-51.2015.8.26.0405 permitem reconstituir o horror vivido na noite de 13 de agosto de 2015, entre 20h50 e 23h45. Nesse curto intervalo de tempo, em ação minuciosamente planejada por pessoas com treinamento militar – o que foi crucial para obstaculizar as investigações –, quase três dezenas de pessoas foram alvejadas, sem qualquer motivo aparente que não o pertencimento àquela área específica da região metropolitana paulista, caracterizada pela pobreza e pela violência. O padrão de atuação dos agentes de Estado contra a população negra, jovem e periférica, consubstanciado nas execuções sumárias praticadas durante ou fora do horário de trabalho, alia-se à falta de resposta adequada das instituições encarregadas da distribuição da justiça, resultando em um ciclo autoritário de violência e legitimação. Essa realidade, já denunciada no âmbito do sistema internacional de proteção aos direitos humanos, contribui de maneira cabal para a operacionalização da justiça criminal face a graves violações de direitos humanos praticadas pelas forças do Estado.

Das folhas do processo sobressai o sofrimento das famílias que, na delegacia, se depararam com a notícia (ou a confirmação) da morte de uma pessoa querida, cuja idoneidade é prontamente colocada em questão – "sabe se tinha envolvimento com o crime?", "tinha antecedentes criminais?". Os relatos também trazem à tona o medo diante dos homens encapuzados e armados que desciam de veículos e motocicletas e atiravam contra quem voltava do futebol, estava no bar, conversava na rua, ou havia ido ao mercado. Os boletins de ocorrência constantes do processo apontam para a existência de 27 vítimas, que sofreram, em sua maioria, disparos de arma de fogo no tronco e na cabeça, sem que pudessem esboçar nenhuma reação ao ataque. Além da dor e do temor, há nos documentos consultados indicativos de uma rede de assistência que se formou de maneira espontânea e imediata, para contornar a demora do socorro: uns ofereciam seus veículos para transportar até o pronto-atendimento; outros auxiliavam vizinhos na busca por pessoas desaparecidas.

Apesar das muitas dificuldades para a elucidação da autoria da chacina – entre elas o uso de balaclavas e de luvas, o emprego de mais de um automóvel e motocicleta, o desvio de cápsulas deflagradas, a intimidação de testemunhas e a exclusão de mensagens de celular –, o relatório que concluiu o inquérito policial apontou um guarda civil e seis policiais militares como autores dos crimes ocorridos no dia 13 de agosto. Desses, Sergio Manhanhã (guarda civil do município de Barueri) e os policiais militares Victor Cristilder Silva Santos, Fabricio Emmanuel Eleutério e Thiago Barbosa Henklain foram denunciados pelos homicídios, que teriam sido motivados pelo desejo de vingar a morte de um guarda civil que, no dia anterior, teria reagido a um assalto a um estabelecimento comercial de sua propriedade.

Em júris realizados em 22 de setembro de 2017 e 2 de março de 2018, os quatro agentes foram condenados por homicídios tentados e consumados, e pelo crime de constituição de milícia privada. Em 24 de julho de 2019, o Tribunal de Justiça do Estado de São Paulo anulou a sentença do júri em relação a Victor Cristilder e a Sérgio Manhanhã. Um novo júri, realizado em fevereiro de 2021, resultou na absolvição desses dois agentes. Para os outros dois policiais militares, Fabrício Eleutério e Thiago Henklain, a condenação do júri foi mantida pelo Tribunal de Justiça. Com isso, permanece a condenação penal de dois policiais militares do Estado de São Paulo pelos crimes praticados na Chacina de Osasco e Barueri. O policial Fabrício Eleutério, à época da chacina, era réu em pelo menos outros três processos por homicídio nas comarcas de Carapicuíba e Osasco, tendo permanecido preso cautelarmente por dois anos e sido solto em março de 2015.

Os documentos que compõem o processo criminal são eloquentes ao demonstrar não apenas que agentes da segurança pública foram os autores dos crimes, mas também que se valeram dos recursos aos quais tinham acesso por serem membros do aparato policial, tanto para cometer os crimes – treinamento no manejo de armas, acesso a informação, armas e munição – quanto para dificultar a investigação – intimidação de testemunhas, desvio de provas. Não bastante, ainda que não seja o objeto do processo, a responsabilidade do Estado de São Paulo pode ser aferida na omissão frente à letalidade policial sistemática na região, bem como na exposição ao perigo e na fragilização da atividade policial decorrente da organização de atividades de segurança privada na forma de "bicos". Além disso, permitiu-se que policiais que respondiam a processos por outros homicídios continuassem em serviço. Todos esses elementos perpetuam a violência fatal praticada por agentes de Estado, contra a qual os mecanismos da justiça criminal têm-se mostrado insuficientes, mesmo quando há condenação, o que exige a construção de respostas tão complexas e contundentes quanto os problemas a serem combatidos.

5. A pesquisa em documentos do direito internacional de direitos humanos

A análise de documentos de órgãos internacionais de direitos humanos foi conduzida com três objetivos distintos. Em primeiro lugar, buscou-se recuperar e sistematizar documentos de órgãos internacionais de direitos humanos dos últimos 25 anos, de maneira a identificar as advertências e recomendações referentes ao uso excessivo da força, tanto em ações oficiais dos agentes da segurança pública no Brasil, quanto naquelas envolvendo a participação de policiais em grupos de extermínio, esquadrões da morte e/ou milícias. Observou-se que essas situações são consideradas como duas facetas de um mesmo problema e que os caminhos indicados para o enfrentamento do problema, em atenção a parâmetros de direitos humanos, não foram seguidos pelo Estado brasileiro.

Em segundo lugar, foram investigadas as regras internacionais relativas à caracterização da responsabilidade do

Estado por violações de direitos humanos nas situações em que a violação é praticada por agente público, ainda que este não estivesse no exercício de sua competência legal no momento da prática do ato violador, mas tenha se aproveitado de recursos, condições ou informações proporcionados por ela para a prática da violação ou para a criação de dificuldades à sua investigação; bem como nas situações em que as violações de direitos humanos são levadas a efeito por grupos paramilitares, construídos à margem da institucionalidade, com a participação de agentes públicos e omissão do Estado em enfrentá-los e em evitar a prática das violações.

Em terceiro lugar, foram examinados os parâmetros estabelecidos pela jurisprudência da Corte Interamericana de Direitos Humanos (Corte IDH) para a definição da reparação devida em casos de violações graves de direitos humanos, como as ocorridas na Chacina de Osasco e Barueri. Verificou-se que, para a Corte: (i) em algumas violações graves, o sofrimento inflingido aos familiares das vítimas configura violação de seu direito à integridade pessoal e, em alguns casos particularmente graves, como de massacres e desaparecimento forçado, essa violação pode ser presumida; (ii) ainda que a Corte não reconheça, diante das circunstâncias de um caso concreto, a violação de direitos humanos dos familiares, estes podem fazer jus à reparação enquanto sucessores da vítima que tenha falecido; (iii) a compensação por meio de indenização deve cobrir a perda de renda e benefícios provocada pela violação de direitos humanos (inclusive quando a vítima estava desempregada no momento da violação, mediante estimativa do salário futuro), sendo devida, em caso de morte, aos familiares (aos/às filhos/as da vítima e, na inexistência destes, à mãe e/ou pai da vítima); (iv) a compensação deve cobrir também as despesas que as vítimas ou familiares tiveram em decorrência das violações ("danos consequenciais" ou danos emergentes); (v) a compensação deve incluir os danos morais, para cuja quantificação devem ser considerados tanto o sofrimento provocado às vítimas conforme as circunstâncias em que foram mortas, quanto o vivenciado por seus familiares; (vi) em casos de violações tão graves como desaparecimentos forçados e execuções extrajudiciais, não é necessário provar o sofrimento causado porque é evidente que as pessoas submetidas a esses atos brutais o experimentam, e o mesmo vale para seus familiares.

6. A pesquisa na jurisprudência do Tribunal de Justiça de São Paulo

A temática da reparação de casos de violência policial é tratada pela jurisprudência nacional, eminentemente, em demandas individuais que realizam pedidos de indenização por danos morais e materiais, frequentemente ajuizadas contra o Estado, embasando-se no argumento de sua responsabilidade objetiva por atos praticados por seus agentes (artigo 37, §6º da Constituição Federal). Por isso, foi realizada pesquisa jurisprudencial, cujos resultados são apresentados no âmbito da manifestação do *amicus curiae*, para descrever como essa temática vem sendo recepcionada pelos/as julgadores/as de segunda instância, buscando relacionar esse entendimento com os demais elementos fáticos e normativos relativos à Chacina de Osasco e Barueri.

Conforme levantamento realizado no banco de jurisprudência do Tribunal de Justiça do Estado de São Paulo, mediante a aplicação de termos frequentes na discussão sobre indenização e violência policial, foram analisados 181 julgados, incluindo casos de letalidade (morte) e de violência (não morte). Os/as estudantes leram e interpretaram todas as decisões, preencheram um formulário de pesquisa com questionamentos quantitativos e qualitativos, e extraíram conclusões que foram articuladas com os demais subsídios levantados na construção da manifestação.

Dentre esses resultados, destaca-se que a responsabilidade do Estado foi reconhecida em quase metade dos julgados (48,3% do total de casos), procedendo-se à indenização da vítima ou de seus familiares (em caso de morte). As principais causas de afastamento da responsabilidade do Estado, além de falta de provas, são as alegações de legítima defesa e de estrito cumprimento do dever legal – alegações que sequer foram trazidas pela Fazenda Pública ao debate sobre a Chacina de Osasco e Barueri, até porque totalmente impertinentes ao caso.

Com relação aos pedidos de danos materiais e morais, constatou-se, quanto aos primeiros, que o TJSP vem reconhecendo ser irrelevante se a vítima possuía vínculo empregatício no momento do crime (contrariamente ao que a Fazenda Pública frequentemente alega), cabendo a adoção de uma estimativa de quanto poderia futuramente vir a ser o salário da vítima. Já no que diz respeito aos danos morais, além de sua incidência ser presumida, foram identificados fatores tidos como agravantes para fins de valoração da indenização: as características da vítima – como idade, violência empregada, relação com a parte autora, contexto de chacina e outras circunstâncias, como humilhação e repercussão na imprensa. Como descrito na manifestação, as circunstâncias fáticas da Chacina de Osasco e Barueri corroboram esses fatores, que deverão ser considerados para a concessão de uma indenização adequada aos familiares das vítimas.

Finalmente, da leitura das decisões extrai-se que, em nenhum caso, foi concedida qualquer outra forma de reparação, seja atenção médica ou psicológica, garantias de não repetição ou medidas de reparação simbólica, – mesmo quando expressamente solicitadas –, contrariando a concepção de reparação integral adotada pela Corte IDH.

Considerações finais

A análise do processo criminal, de documentos internacionais de direitos humanos e da jurisprudência do TJSP permitiu concluir que, de fato, há evidências da responsabilidade do Estado pela Chacina de Osasco e Barueri e que, como consequência, o Judiciário deve reconhecer essa responsabilidade e determinar que o Estado ofereça reparação às famílias e pessoas sobreviventes.

Mas a intervenção como *amicus curiae* em um dos processos para responsabilização do Estado e reparação pela Chacina de Osasco e Barueri foi, antes de tudo, um processo pedagógico para todas as pessoas que, ao longo de um ano, participaram da construção daquele documento. Docentes e pesquisadoras de diferentes áreas do direito, estudantes de direito e relações internacionais e integrantes do movimento que se organizaram para lutar por respostas em face da chacina aprenderam com a análise das evidências constantes do processo, com a realização de pesquisas sobre as questões jurídicas suscitadas e, sobretudo, com as trocas que realizaram entre si, bem como com o grupo maior do projeto *Políticas de segurança e violência de Estado: relatos de luta e imagens de resistências das mães da Chacina de Osasco, de 2015*.

Assim, essa nos pareceu uma forma bastante fecunda de articulação entre pesquisa, ensino e extensão, na qual a dimensão formativa vincula-se à prática e à produção de conhecimento. Espera-se que o produto dessa ação, e os de outras da mesma natureza, possam ainda produzir impactos efetivos no universo dos processos jurídicos que buscam respostas à violência de Estado. Conseguir que esses impactos efetivamente se produzam é a dimensão mais desafiadora de um trabalho dessa natureza; mas, o desafio não justifica que a universidade se ausente, ao contrário, é um fator adicional a evidenciar a necessidade de que ela também esteja engajada na construção de caminhos para que violações graves de direitos humanos não continuem a ocorrer e para que suas vítimas obtenham reparação.

"Esse primeiro encontro foi através da Zilda, eu não a conhecia, porque eu sempre morei para cá e a Zilda morou para lá. Mas aí teve... e no dia do velório, o filho dela, eu também estava lá, tinha vários corpos que tinha acontecido a mesma coisa, foi aí que a gente se conheceu, no IML, quando foi para reconhecer o corpo. Aí foi quando a Zilda fez o grupo e colocou todo mundo, depois foram aparecendo outras pessoas, e a gente formou um grupo. Mas eu vim a conhecer a Zilda no dia mesmo, no dia do velório. Aí foi quando ela falou que a gente ia se fortalecer, que a gente ia ser uma família – e estamos sendo essa família até hoje, né?"

– Antônia

Torna-se cúmplice: pesquisa, luta e a coragem da verdade diante da violência de Estado

Alana Moraes

A vida é um copo de vidro.

– Zilda

Lutar como forma de conhecer

Durante o percurso da pesquisa junto às mães e familiares de pessoas que foram executadas na ação de um grupo de extermínio em agosto de 2015, em Osasco e Barueri, nos perguntamos sobre as possibilidades de uma prática de conhecimento que possa conferir dignidade epistêmica à experiência da dor irreparável decorrente da perda produzida pela violência de Estado e suas muitas formas institucionais de operação no que ficou conhecido como uma das maiores chacinas da história de São Paulo. Não falamos, portanto, sobre uma "metodologia" ou "ferramenta analítica" que seja capaz de nos oferecer segurança e o afastamento necessário. Estamos pensando nas implicações entre formas de lutar e conhecer que nos situem em melhores perspectivas para pensar os modos de violações, suas operações, discursos e aparatos institucionais, a partir do modo como são vividas, compartilhadas e elaboradas nesses territórios que são, ao mesmo tempo, físicos e existenciais. A luta coletiva adquire caminhos imprevisíveis e nos exige uma atenção permanente aos seus movimentos e formas de estar juntos em "engajamentos colaborativos", como sugere Tim Ingold (2016).

Com atenção ao que nos sinaliza Hartman (2022), houve desde o início uma preocupação em não reencenar a violência vivida, fazendo do sofrimento e da dor objetos de "análise", ou mesmo convertendo-os em matéria de "governo das vítimas" nos muitos agenciamentos entre direito, organizações não governamentais, ou em uma sociologia dos movimentos sociais que procura por "estratégias", "repertórios" ou classificações sociológicas dos sujeitos que lutam. Penso que o desafio está em investigar coletivamente sobre como corresponder, em termos de prática de conhecimento e de luta, à rebeldia dessas mulheres que, diante de um evento extremo de dor, "não tem medo de mais nada", "não tem mais nada a perder", como dizem, e, por isso mesmo, encarnam – não sem custos – o que Foucault chama de "a coragem da verdade". A "coragem da verdade" não nos parece um mero atributo moral ou ontológico, mas um lugar através do qual podemos nos situar, junto das mães e familiares em luta, para compreender os regimes de saber e poder que hoje administram o regime democrático e sua razão de governo, assim como as possibilidades de solidariedade e confrontação.

Parece-nos que a luta das mães contra a política de morte, institucionalizada na democracia, e os modos através dos quais elas elaboram seus enunciados públicos e identificam as formas dessa violência de Estado a partir da referência aos seus operadores – policiais, o sistema de justiça, o racismo de Estado, a própria "política de morte", como dizem, em todos os seus níveis, o modo pelo qual oferecem suas verdades inscritas na facticidade do vínculo que foi violentamente desfeito – tudo isso, se aproxima do estudo do filósofo, já no fim da sua vida, sobre a *parrésia*. Aqui, o falante faz uso de sua liberdade e opta por falar francamente em vez de persuadir, pela verdade em vez da mentira ou do silêncio, pelo risco de morte em vez da vida e da segurança, pela crítica em vez da bajulação, pelo dever moral em vez de seus interesses e a apatia moral. O *parresista* não é sincero apenas quando enuncia sua opinião; sua opinião é também a verdade (Foucault, *apud* Adorno, 2004, p. 60-61).

Seguindo as pistas de Foucault, não se trata de afirmar um "empirismo" contra a teoria, mas de fazer "que intervenham saberes locais, descontínuos, desclassificados, não legitimados, contra a instância teórica unitária que pretenderia filtrá-los, hierarquizá-los, ordená-los em nome de um conhecimento verdadeiro" (Foucault, 1984, p. 170). Diferentemente das grandes chaves de entendimento articuladas por uma certa sociologia dos movimentos sociais, entretanto, interessa-nos experimentar um tipo de prática teórica afetada pelas movimentações infrapolíticas que se desenrolam em cenas menos públicas – e muitas vezes longe dos espaços formais da atuação entendidos como propriamente políticos –, mas que se movem nessa zona de indiscernimento entre vida e luta, a dor e a cólera, criando lugares para novas elaborações sobre a natureza do poder e as formas de se mover diante dele.

Do apoio aos processos no sistema de justiça, passando pelo apoio na organização de atos, cartazes, som, faixas, a mobilização, até a difícil tarefa de reconstruir um cotidiano e suas infraestruturas, nas conversas com cigarros e cafés que abrem espaço para relatos sobre a exaustão e o ceticismo no que diz respeito a algum horizonte de justiça, nos momentos de elaboração da memória dos acontecimentos, nos silêncios – não é possível existir um tipo de conhecimento que não esteja também vinculado a uma certa sensibilidade muito própria que, ao se constituir confrontando a violência institucional, só se torna possível na medida em que nos tornamos cúmplices de uma dor irreparável, de sua verdade e de seu sentido radical de justiça, que transborda os limites do direito e suas inscrições que marcam os espaços de atuação das "vítimas".

Mesmo nas cenas mais públicas, que envolvem os atos ou a relação mais direta com o sistema de justiça e as inúmeras estratégias acumuladas por outros coletivos de mães e familiares, a prática de conhecimento enredada pela luta de familiares recostura um cotidiano cindido que precisa perseverar depois de um evento limite e, assim, toma como sua principal tarefa tecer a dignidade para essas vidas que foram subtraídas porque as operações de ilegibilidade não cessam depois da morte. Essa luta é inegociável: ela não clama por uma política pública, não se converte em uma demanda específica; ela perfaz uma força do que podemos chamar de desalienação democrática. Aqui, desde a materialidade da vida e suas relações, o relato de uma democracia triunfante não pode prosperar. Como pergunta Saidiya Hartman, pensando sobre todo o contexto pós-abolição formal: "É possível lamentar [mourn] o que ainda não parou de acontecer?" (Hartman, 2020, p. 928).

O luto vivido impõe uma temporalidade própria que emerge repentinamente, suspendendo as inegociáveis urgências do cotidiano conduzido pelos circuitos de espoliação do capital contra a dignidade das vidas na periferia – muitas dessas mulheres, como a Zilda Maria de Paula, passaram suas vidas em trabalhos ligados aos cuidados domésticos e são elas que, nas suas palavras, "perdem o direito de ser mãe" e também de existir através das relações que as constituem. Muitas delas, para "seguir na luta", se afastam dos antigos trabalhos e refazem o cotidiano, agora atravessado pelo tempo do sofrimento, pelos itinerários do sistema de justiça, pelas atividades ligadas ao movimento mais amplo, pelas aparições públicas e por todo um conjunto de novas relações que incluem universidade, organizações não governamentais, partidos políticos e outros movimentos sociais.

A experiência da perda de seus filhos impõe uma compreensão radical das relações de poder e da atuação das forças de segurança, contrastando com muitas perspectivas reformistas formuladas pela sociologia da violência quando sugerem formas de "aprimoramento" e "humanização" das forças policiais. Como muitas vezes afirma Zilda, "as forças de segurança são feitas para matar. Não foi a primeira vez, não vai ser a última". A rebeldia – muitas vezes chamada por elas próprias de "loucura" – confronta o imperativo do trabalho e do Estado, especialmente na figura da polícia, no que se refere à distribuição dos sentidos de dignidade para uma vida. A revolta torna-se, então, "uma prática de possibilidade em um tempo no qual todas as estradas, a não ser aquelas criadas pela destruição, se encontram bloqueadas" (Hartman, 2022, p. 242).

Democracia como pacificação: por uma "justiça que não é dos homens"

Nesse breve texto, pretendo sugerir duas hipóteses de pesquisa que vêm organizando algumas formulações e intervenções coletivas e que se relacionam, por sua vez, à reflexão mais ampla sobre a democracia brasileira – construída por muitos atores, enunciados, arquitetura institucional, e formas de narrar e gerir os conflitos no país desde o fim da ditadura empresarial-militar. A primeira delas tem a ver com o esforço de construção de um certo "consenso democrático" no Brasil no período pós-ditadura que, como sugerimos, operou ativamente para neutralizar e desqualificar as formas autônomas de organização de movimentos populares no período anterior à "abertura", ao mesmo tempo em que fabricava o consenso securitário como o núcleo da razão de governo.

Como identifica Edson Teles, mesmo as forças opositoras ao regime militar aderiram precocemente ao discurso de pacificação dos conflitos e de conciliação; assim, "buscava-se criar um acordo em torno do discurso de superação do passado de violência de modo a reunir as principais forças políticas autorizadas pela reabertura, as mesmas forças que participariam da governança democrática nos anos seguintes" (Teles, 2022, p.24). Retomando as ações de revolta popular que ficaram conhecidas como os "quebra-quebra" de 1983 em São Paulo, Teles (2022) mostra como tais ações foram desqualificadas pelo discurso de uma abertura parcimoniosa e bem controlada, acenando para uma ideia de democracia legível apenas a partir das formas políticas que se relacionavam com a institucionalidade democrática autorizada.

Essa tensão já estava sendo gestada, no entanto, desde o começo da década de 1970. A experiência inaudita da greve de 1968 de Osasco e a centralidade das comissões de fábrica e sua organização autônoma, por exemplo, eram desqualificadas pelos militantes do Partido Comunista Brasileiro (PCB) na época como uma "aventura pequeno-burguesa" e inconsequente (Sader, 1988). Paoli também mostrou como uma certa elite política sindical e partidária comunista reforçava uma gramática moral da boa conduta ordeira como paradigma da ação política da classe trabalhadora: "a imagem da ordem e da boa organização (...) novamente são denunciados os desviantes, os subversivos, os sabotadores, os ignorantes, os desajustados" (Paoli, 1992, p. 37).

Os movimentos populares dos anos 1970 – contra a carestia, pela regularização dos loteamentos clandestinos, pela abertura de creches, as comunidades eclesiais de base e pastorais, os clube de mães, núcleos de vizinhos, o movimento negro, movimentos de saúde, comissões de fábrica – por mais que confluíssem para uma forte noção de ampliação de direitos, também elaboraram, em suas formas de organização, uma imaginação democrática cuja força assentava-se nos sentidos radicais da solidariedade entre iguais e na afirmação da autonomia – "obsessiva preocupação com a autonomia", como enfatiza Sader. Como nota Eder Sader (1988), havia um rechaço e uma desconfiança generalizados em relação às tradicionais formas da representação política e ao próprio Estado. Na introdução de uma das mais importantes coletâneas de estudos desse período, *São Paulo: o povo em movimento*,

Caldeira Brant (1980) mostrou que uma das marcas singulares desse ciclo de lutas não se localizava apenas na crítica ao regime ditatorial, mas também apontava, em sua própria organização, para a exigência de uma "democracia de baixo para cima", ou seja, uma proposição sobre a própria forma política.

Eder Sader conclui seu livro, fruto de uma pesquisa incontornável sobre esse período, com uma análise nada otimista dos processos de transição protagonizados pela "Aliança Democrática". Para ele, a "política instituída" logo tratou de neutralizar os enunciados e as formas de ação dos movimentos populares emergentes – classificando-os como "ingênuos". No entanto, como ele defende, tais enunciados estão "inscritos na memória coletiva" e podem ser reatualizados. Pensamos que os movimentos de mães e familiares de pessoas vítimas da violência de Estado na democracia, constituídos por fora dos espaços institucionais e das agendas políticas governamentais de participação dos governos petistas, ativam, por muitos caminhos, uma ruptura – ou ao menos uma fricção importante – em relação aos modos de atuação mais diretamente ligados às formas de representação institucional; certamente uma ruptura em relação a uma certa política de "inclusão" e cidadania vinculada ao projeto de Estado-Nação e à ideia de democracia como pacificação.

O discurso da pacificação aliado a uma noção abstrata de "direitos humanos", constituíram-se mutuamente ao longo da década de 1980 e 1990, reforçando a ideia de democracia como gestão racionalizada dos conflitos sociais, capaz de conduzir o curso tranquilo das coalizões parlamentares das elites políticas institucionalizadas. Em um nível macro, a democracia era entendida, portanto, como uma questão de estabilidade e governança que permitiria a condução de uma ordem pacificada e negociada, na qual mesmo a pobreza – como na conhecida formulação dos governos petistas – seria compreendida como um problema técnico de gestão ("colocar o pobre no orçamento"), e não mais como expressão de um conjunto de relações de injustiça, violência e espoliações históricas.

Mas, em um nível local, o discurso da "pacificação" avançava sobre territórios periféricos e racializados, reencenando a gestão colonial em uma relação evidente com as políticas seculares indigenistas de "pacificação" (Oliveira, 2014). A política de segurança, amplamente aceita pelo campo progressista nos anos 2000, ora emergia com a ideia de uma "polícia pacificadora", ora efetuava-se nas cenas de "conquista" do território, quando o BOPE cravava ritualmente sua bandeira macabra depois de uma operação. A díade segurança/desenvolvimento converte-se na força ideológica de consenso da nova república. Como nota Mbembe (2020), a política democrática consiste cada vez mais em uma luta para saber quem será mais capaz de adotar as medidas mais eficientes e repressivas contra as "ameaças inimigas".

O ritual executório espetacular realizado pela chacina tem por objetivo renovar aquilo que a mexicana Sayak Valencia (2010) chama de "necroempoderamento": uma forma distribuída de soberania masculinista – mas que, acrescentamos, tem no dispositivo da segurança seu principal núcleo de articulação entre as ações oficiais e as não oficiais. No caso da Chacina de Osasco e Barueri, o grupo de extermínio era composto por policiais militares e agentes da guarda municipal que também trabalhavam como seguranças privados, uma composição bastante recorrente em ações desse tipo.

Durante os anos da construção do relato triunfante de uma democracia consolidada, "participativa e integradora" dos governos federais progressistas do PT, novos sujeitos políticos passaram a se constituir fora dos espaços institucionais e das agendas políticas governamentais de participação, sinalizando para as muitas infiltrações que corroíam de forma acelerada o horizonte de tal projeto democrático.

Coletivos de favelas que denunciavam a atuação policial, especialmente das chamadas "polícias pacificadoras", no Rio de Janeiro, em territórios racializados; movimento de mães e familiares de vítimas de violência de Estado; comitês populares da Copa e Olimpíadas, que visibilizavam dinâmicas de remoções e violações de direitos; coletivos indígenas e ribeirinhos, que apontavam para a catástrofe de grandes obras como Belo Monte; pequenos coletivos urbanos, que demonstraram a insustentável condição da vida nas grandes cidades e suas expansivas catracas – do transporte à especulação imobiliária, passando pelo crescente poder das polícias. Essa nova ecologia de movimentos e ações foi central para a irrupção das ruas em Junho de 2013 (Moraes; Rolim, 2024).

Se, por um lado, a mobilização pela responsabilização e reparação assume um espaço importante no repertório da luta por justiça daquelas que reclamam um espaço de legitimidade para a sua dor, por outro lado nos parece emergir, nesse contexto, um sentido mais forte de justiça que, por sua vez, revela a sua própria impossibilidade – uma justiça que "não é a dos homens", como ouvi muitas vezes de algumas das mães, mas que projeta a força do vínculo com os filhos mortos, suas vozes, memórias, sonhos, o adoecimento de seus corpos, a loucura obstinada como testemunho vivo das implicações entre democracia e violência colonial/racial. Elas trazem à cena pública elementos que excedem o texto moderno da justiça, sinalizando para outras formas de pensar o político e os horizontes de justiça fora dos registros liberais, secularizados, republicanos, civilizatórios.

Violência civilizatória e sexuada: os mandatos legais-ilegais de ordenamento das condutas

Aos poucos, a "transição democrática" pôde operar a substituição da figura do inimigo de Estado (Teles, 2022). Antes o terrorista militante subversivo, agora, o "vagabundo comum", aqueles e aquelas cujo território moral de existência deve ser também racializado – desajustado, promíscuo, desordeiro, virtualmente criminoso e insurgente, a classe trabalhadora expulsa do trabalho e não domesticada – representam a ameaça permanente ao "Estado democrático de direitos".

A partir desse ponto, podemos sugerir uma segunda hipótese de pesquisa – fruto, também, de uma questão enunciada por Denise Ferreira da Silva (2014): por que a violência legal-ilegal que atinge esses territórios periféricos não é capaz de produzir uma grande crise social ética? Ferreira da Silva mostra como, para os filósofos contratualistas, o Estado emerge através da ficção política do triunfo da Razão contra o que seria o estado da selvageria. A Razão significa, sobretudo, o poder de garantir a "paz e a segurança". Dessa forma, ela sugere que o Estado pode acionar a violência total, de forma rotineira, para fins de sua autopreservação, contra aqueles que não fazem parte da comunidade da razão. A autora retoma a operação militar espetacular realizada no Complexo do Alemão, no Rio de Janeiro, em 2007, que vitimou fatalmente 19 pessoas. Na ocasião, o então presidente Lula, para justificar a ação, afirmava que a garantia de que homens honestos e trabalhadores saíssem para trabalhar todos os dias, dependeria da intervenção da nação contra os "terroristas" (*Ibid.*).

Nessa mesma ocasião, ele também afirmava que os "criminosos" seriam produto de uma "família desagregada". A ideia de que esses territórios favelados periféricos são "incivilizados" – "fábricas de marginais" – é central para compreender as ações legais-ilegais que conectam operações militares oficiais com as chacinas. Nossa hipótese é a de que as ações parecem se justificar como ato civilizatório corretivo – uma correção moral generalizada contra condutas sexuais e familiares desviantes; contra os espaços de lazer e sociabilidade vistos sempre como locais de excesso e degeneração nas periferias, zonas de insubordinação permanentes à ética do trabalho e da boa cidadania. No caso da Chacina de Osasco e Barueri, um dos principais alvos foi justamente um bar na periferia de Osasco.

Como menciona Zilda: "Por isso que eu dou a minha cara a tapa, eu já escutei 'tava no bar era bandido', mas quando são os caras do Jardins, da Vila Madalena, não são [bandidos]". Os discursos e práticas que marcam esses territórios como espaços produzidos por condutas sexuais e familiares moralmente degradadas conectam as ações de políticas sociais com políticas de segurança e estão presentes, inclusive, em uma certa sociologia.

Nos trabalhos de Jessé de Souza (2009), por exemplo, existe um esforço em diferenciar a classe "batalhadora", aquela que conquistou o êxito da ascensão e do acesso ao mundo do consumo nos anos 2000, e, do outro lado, a "ralé". Essa última, uma parcela mais empobrecida da classe trabalhadora que, segundo o sociólogo, não possui condições materiais ou subjetivas para traçar caminhos mais perenes e bem-sucedidos na relação com o mundo do trabalho. Essa suposta condição existencial precária só poderá ser "sanada" na medida em que se reconhecesse, segundo o autor, o problema da reprodução da "família desestruturada" como forma primeira de socialização, assim como a "importância das relações afetivas e emotivas familiares como pressuposto para o exercício de toda função pública, seja como produtor útil seja como cidadão" (2009, p. 18).

A cidadania, entendida como exercício da "boa função pública", exigiria, então, uma ordenação familiar e sexual doméstica cujos atributos generificados encontram-se pressupostos: "Mesmo nas famílias mais bem estruturadas dessa classe, onde os pais permaneciam juntos e se esforçavam para ter uma relação afetiva e de cuidado com os filhos, as marcas do abandono social se mostraram presentes" (Souza, 2009, p. 18). Quase uma década depois da publicação de *Ralé brasileira*, o general Hamilton Mourão, na época candidato a vice-presidente, também acionaria a imagem da "família desestruturada" como chave explicativa para os "problemas sociais do país". Segundo o general:

> Família sempre foi o núcleo central. A partir do momento que a família é dissociada, surgem os problemas sociais que estamos vivendo e atacam eminentemente nas áreas carentes, onde não há pai nem avô, é mãe e avó. E por isso torna-se realmente uma fábrica de elementos desajustados e que tendem a ingressar em narco-quadrilhas que afetam nosso país (Exame, 2018, [s.p.]).

Maria Célia Paoli (2024), em um texto do começo dos anos 1980 identificava que o emergente campo democrático progressista passava a elaborar o problema da "violência urbana" de uma forma sempre subordinada ao que seriam as "grandes contradições" do capital:

> "tendo como sujeito o criminoso comum" – um possível trabalhador que se degradou no mundo da miséria e do abandono e que se expressa violentamente pela agressão indiscriminada (...) Não estranho à essa caracterização está o fato de pensar a violência como algo oposto à ordem, à razão e as formas responsáveis da luta política (Paoli, 2024, p. 70).

Paoli sugere, entretanto, que a cidadania, para muitos sujeitos, se apresentava como ordem e repressão. Sobretudo, acrescenta, a experiência da criminalização não encontra lugar nos espaços politizáveis e coletivos de enunciação do que seria também uma experiência da classe: "São conflitos ilegítimos: No máximo merecem a atenção de uma sociologia do desvio institucional que tematiza sua aparição desordenada em ondas de violência súbita" (Paoli, 2024, p. 75).

A violência antinegra, como lembra Saidiya Hartman (2022), é acionada como forma de controlar e garantir limites para a vida negra, imaginada sempre como excesso e perturbação da ordem civilizatória pós-abolição formal – seja pela perturbação e ameaça à "respeitabilidade sexual" da feminilidade branca, seja pela não conformação dos homens negros à figura subalternizada do "trabalhador exemplar", tais desordens serviam e servem como "indicações de desajuste e de crime futuro" (p. 236). Também Anne McClintock (2003) lembra sobre o trânsito das ideias que, desde a Inglaterra do século XVI, associavam o "perigo" da ociosidade e da "insolência" às classes subalternas, ideia que fizeram parte, posteriormente, dos pilares da administração colonial inglesa na África do Sul.

As mulheres nas periferias são aquelas sobre quem recai toda vigilância e regulação, mediante a acusação sempre presente de serem as "mães desestruturadas" dos "inimigos internos" da nação, os bandidos – sujeitos potencialmente insurgentes. E é nesse mesmo diagrama que as mães cujos filhos são assassinados pela polícia precisam atuar: "provar que os mortos eram 'honestos' e não 'bandidos' ou 'traficantes'. Ou seja, para inseri-los primordialmente no mesmo lugar de direito daqueles que devem ser protegidos – e não aniquilados – pelo Estado, aqui corporificado nos policiais" (Vianna, Farias, 2011, p. 95). Vianna e Farias (2011), acompanhando junto de mães e familiares alguns casos de judicialização dos crimes cometidos por policiais, notam que, em todas as ocasiões, a defesa dos acusados tem como estratégica primordial transformar as vítimas em potenciais criminosos.

Como notamos no caso da Chacina de Osasco e Barueri, desde a abertura da investigação, as perguntas e sugestões da defesa dos réus sobre eventuais "passagens" ou "envolvimentos com o crime" daquelas pessoas executadas pairam como dispositivos de permanente suspensão de direitos e justificação moral para a prática rotinizada de extermínio. No caso que acompanhamos, a defesa fez questão de tornar público o fato de Zilda Maria de Paula ter relações com "movimentos" e "jornalistas", tratando isso como evidência de uma suposta "politização" da acusação.

Por isso, a luta das mães e familiares tem como um dos seus aspectos centrais essa persistente tarefa de contar histórias de seus entes, convocar materialidades que testemunhem a dignidade dessas vidas perdidas, que resistam à abstração burocrática e à rotinização dessas perdas, e que enfrentema constante suspeição articulada pelo próprio sistema de justiça: fotos, registros, memórias, mesmo os sonhos e a comunicação com seus filhos depois da morte.

Por um lado, elas sentem que o trabalho contínuo de produção da reputação moral de seus filhos, mesmo depois da morte, também é crucial, como mostram muitos trabalhos, para algum horizonte de êxito nos processos de responsabilização contra os acusados (Vianna, 2014).

Como descreve Adriana Vianna, "A 'dor de mãe' é mesclada, assim, à produção de uma carreira moral, ainda mais valorosa porque permeada por todos os sacrifícios feitos para 'criar direito' os filhos em meio a múltiplas dificuldades materiais" (Vianna, 2014, p. 229). Zilda gosta de lembrar a passagem de Fernando, seu filho, pelo Exército, de como esse momento foi importante para criar um certo senso de disciplina; fala sobre os serviços que ele realizava em casa; sobre a esforçada trajetória escolar; e também as injustiças que ele sofreu desde muito cedo, como acusações infundadas. Mas em muitas outras conversas, Zilda afirma sua existência para além do que a constituiu como "sujeito político" na busca por justiça. Ela fala da paixão pelo samba, sobre suas histórias como passista da Rosa de Ouro, das maneiras encontradas por ela para se livrar de um marido que a impedia de "viver sua liberdade", sobre os pretos-velhos e caboclos, do sonho de conhecer a Portela.

Zilda também narra, muitas vezes, sobre as inúmeras advertências que dirigia ao filho – "não ficar na rua até muito tarde", andar sempre com a documentação, desviar das humilhações policiais de rotina encenadas tantas vezes nesses territórios. É como se a morte de seu filho Fernando – um homem negro, pobre, morador de uma periferia – já estivesse inscrita em uma zona de previsibilidade de morte e que, por ser já tão previsível, sistematicamente adiada, mas por isso mesmo também sentida como uma grande inconformação: "se ele tivesse morrido de tuberculose seria melhor, daria para se conformar mais", comenta Zilda.

Por outro lado, a luta das mães e familiares também se coloca no campo de uma guerra semântica – que é evidentemente política. Tudo aqui envolve uma disputa por denominações: afirmar as categorias chacina e execução; falar sobre a cumplicidade entre forças legais e ilegais que administram esses territórios não como exceção, mas como gestão cotidiana de controle de corpos e recursos, como forma de domínio que se expressa, muitas vezes, enquanto preservação da lei, da ordem e do território moral do Estado-nação. "É uma guerra", como repete Zilda. A luta das mães e familiares é também uma luta para que elas possam clamar por justiça em seus próprios termos. Para isso, as constantes vaquinhas coletivas que elas organizam para "se manter na luta" e garantir as passagens, o gás, o aluguel, ativam um circuito de solidariedade ampliado, dando a ver uma parte fundamental da luta: aquela que garante as infraestruturas materiais de sua própria continuidade.

Contar histórias para mudar de vida

Há, na luta das mães e familiares, algo que nos convoca a habitar o acontecimento da perda, não para compartilhar a sua dor – que elas sabem bem ser intransferível –, mas para nos comprometermos com ele, em toda a sua devastadora singularidade, para que possamos testemunhar o trabalho de nomear a violência, identificar seus perpetradores, mas, sobretudo, reconstruir continuamente os detalhes que fazem da vida de seus filhos e familiares uma vida singular e digna de ser enlutada – contra todos os ritos institucionais de desidentificação e inscrições racializadas dessas vidas passíveis de serem abstraídas, no máximo, como índices estatísticos de exceção em uma ordem democrática pretensamente consolidada.

"A vida é um copo de vidro" é a frase repetida tantas vezes por Zilda para se referir a perda de seu filho durante as execuções da chacina de agosto de 2015. A imagem do copo de vidro é evocada como signo da precariedade e fragilidade da vida, de como estamos expostos ao mundo e aos outros. Mas ela também sugere uma certa transparência do que já é possível prever para quem, como Zilda, conheceu os modos de atuar do Esquadrão da Morte, da ROTA, dos grupos de policiais que hoje operam na periferia as novas tecnologias de controle, execução e desaparecimento.

Para Foucault, torna-se importante compreender sob qual forma, em seu ato de dizer a verdade, "o indivíduo constitui a si mesmo e é constituído pelos outros como um sujeito que pronuncia um discurso de verdade, sob que forma se apresenta, a seus próprios olhos e aos olhos dos outros, quem diz a verdade, [qual é] a forma do sujeito que diz a verdade" (Foucault, 2009, p. 3). O sentido da *parresía*, defende Foucault, "não é convencer uma assembleia, mas convencer de que se deve cuidar de si e dos outros, isso significa que se deve mudar de vida" (*Ibid.*). De algum modo, conhecer e lutar nessas circunstâncias significa contar essas histórias, suas desobediências, todo o conhecimento acumulado sobre viver e morrer nesses territórios, sobre defender e refazer as relações que nos fazem gente, sobre perseguir uma noção de justiça que se converte em força e escapa ao controle democrático dos discursos e práticas dos sujeitos coletivos. Significa, sobretudo, investigar coletivamente sobre as possibilidades de um conhecimento para a abolição, engajado nas tramas da vida e nas suas práticas de persistência.

MÃES DE OSASC
ANTONIO
FERNANDO
TIAGO
LEANDRO
WILKER
ADALBERTO
JAILTON
SEM JUSTIÇA NÃO HAVERÁ PAZ
ASSOCIAÇÃO 13 DE AGOSTO
MÃES DE OSASCO E BARUERI
POR MEMÓRIA E VERDADE
10 ANOS
O SILÊNC
DOS INOCE

"O bar que meu filho morreu é aqui perto, eu não passo nessa rua – eu dou a maior volta por outro lugar mais longe, mas eu não passo ali, porque eu não consigo, me trava se eu passar ali. Então é assim, tenho medo de tudo"

– Antônia

Silenciar os mortos, combater os vivos: democracia como exceção continuada por outros meios

Adalton Marques

A nova democracia, diriam, com o auxílio de poetas menores do parnasianismo brasileiro, "é uma plantinha frágil que requer muitos cuidados"...

– Francisco de Oliveira

A administração do ato nacional de esquecer

O que escrever para um livro que registra as memórias de mães que tiveram seus filhos executados na maior chacina do Estado de São Paulo, ocorrida na divisa de Osasco e Barueri, entre os dias 8 e 13 de agosto de 2015, em pleno funcionamento *democrático* das nossas instituições democráticas? Como dar relevo ao traçado policial do grupo de extermínio, o que exige encontrar formulações preliminares para as relações entre racismo, violência, legalidade e ilegalidade que conformam a história do nosso país? Essas perguntas iniciais não são retóricas exatamente porque essa chacina exprime componentes infelizmente familiares àquelas/es que se dedicaram, ou se dedicam, a deslindar as chamadas estruturas fundacionais do Brasil.

O que apresentarei a seguir não pode sintetizar essa longa duração nem a composição de uma estrutura. Trata-se de uma aproximação preliminar entre a questão política relativa aos mortos e desaparecidos durante a Ditadura Civil-Militar-Empresarial e a questão política relativa aos chacinados e presos durante a chamada Nova República. Problema de territorialização, muito mais do que de estrutura, uma vez que a repetição periódica de componentes forma um meio – político-institucional, por exemplo – e possibilita sua passagem a outro, sem anular as diferenças que não param de proliferar. Com efeito, meu propósito é delinear essa passagem de um meio a outro – da ditadura à democracia –, a coordenação de espaços-tempos heterogêneos (Deleuze & Guattari, 1997), reforçando as suspeitas quanto ao corte institucional entre esses regimes, que estendem-se ao corte institucional entre a Doutrina da Segurança Nacional e as políticas democráticas de segurança pública (Marques, 2024).

Não hesitarei em chamar as guerras que produziram e/ou produzem o *socius* ditatorial e o democrático de questões nacionais. Não apenas por conta das discussões públicas, legislações, atos administrativos, e investimentos materiais a elas ligados, mas, mais decisivamente, porque a nação exige (poderíamos dizer, deriva de) uma lembrança cultivada e, portanto, esquecimentos seletivos. Divisa possibilitada pelas palavras do conservador Ernest Renan (1982, [s.p.]), que soube exprimir, com rara clareza, que "o progresso dos estudos históricos é frequentemente para a nacionalidade um perigo". Ora, mas por que os estudos históricos ofereceriam perigo à nacionalidade? Porque cultivam outras lembranças, concernentes ao que foi seletivamente esquecido pela nação. As renitentes lembranças de violências que fundam unidades – e impedem divergências –, afinal, para apelar mais uma vez ao monumento francês, "a unidade se faz sempre brutalmente". Em outros termos, as pesquisas históricas indagam o modo como se administra o ato nacional de esquecer.

Mas não só as pesquisas históricas realizam esse esforço subversivo, também as etnografias incumbidas de levar a sério as memórias de pessoas e, mais decisivamente, para o propósito deste texto, as lutas travadas por familiares de mortos e desaparecidos durante a Ditadura e por familiares de chacinados durante a Nova República, em face da violência das forças estatais. Os primeiros, porque exigem o acesso a informações que publicizem o modo como seus parentes perderam a vida e, em muitos casos, também a localização de seus corpos, além da responsabilização dos agentes estatais envolvidos no aparelho repressivo e da própria União pela política de tortura e extermínio (cf. Azevedo, 2018; Teles, 2018). Os últimos, porque exigem a responsabilização de agentes estatais que participaram de chacinas contra seus familiares, bem como dos esforços que constituem os altos índices de letalidade policial e, no limite, a condenação do Estado brasileiro perante organismos internacionais de defesa dos direitos humanos (cf. Almeida, 2021). Em ambos os casos, busca-se manter viva a memória, quer seja mais ou menos antiga, a respeito da brutalidade, do extermínio e do terror contínuo de que dependeu, e depende, o Estado brasileiro para lidar com aquelas/es que considera dissidentes.

A administração do ato nacional de esquecer exige-nos, portanto, esforços para deslindar, ainda que parcialmente, mesmo que em apenas uma de suas partículas, o modo de ser do Estado brasileiro. Com isso, mais uma vez espero deixar claro, não pretendo sugerir uma história nacional alimentada por uma estrutura motora ou caracterizada por sucessões lineares que carregam uma identidade fundamental entre si. Escandir os acontecimentos que constituíram/constituem sua formação depende mais de mapear conexões (em vez de sucessões lineares) e avaliar afinidades (em vez de identidades). Em outra ocasião, falei da "imprescindível tarefa de explorar as afinidades e conexões operantes no conjunto heterogêneo de limiares que constrangem as nossas capacidades atuais, o campo de possibilidades da nossa contemporaneidade" (Marques, 2018b).

Nesse sentido, o presente texto explora algumas continuidades da Ditadura sobre a Nova República, ou, para ser mais preciso, sua capacidade de gestar e administrar a temporalidade (*lenta, gradual e segura*) e a espacialidade (a primazia da *ordem*, com a *defesa* das Forças Armadas) democráticas, assegurando a não conclusão de sua própria duração. Segundo o entendimento deste texto, a inconclusividade da Ditadura não requer a identificação de reminiscências – quer sejam institucionais, quer sejam culturais –, espécies de heranças que teriam persistido mesmo após o fim da guerra que os generais souberam colocar em curso. O voluntarismo politológico da tese do *autoritarismo socialmente implantado* confia demais na capacidade *democrática* da nossa democracia em remover *entulhos autoritários* (cf. Pinheiro, 1991). Pelo contrário, exige-nos a tarefa de sondar os sinais precursores da própria guerra ditatorial, espécies de prenúncios dos efeitos mais concretos que sentimos em nossas vidas hoje, nessa nova guerra conduzida *em democracia*. Com isso, é necessário pontuar, não pretendo reforçar a ideia segundo a qual o Golpe de 1964 teria inaugurado o conjunto de práticas autoritárias cujos efeitos sentimos cotidianamente, ignorando as análises de longa duração ou de períodos que o antecederam. Meu duplo objetivo é salientar as estratégias militares voltadas à perduração da guerra ditatorial e adicionar mais diferença ao que frequentemente chamamos de *continuidade*, tornando mais robusto o entendimento segundo o qual o corte *molar* de 1985 (ou 1988, ou ainda 1989) não extinguiu as relações *moleculares* que conectam os *dois períodos*.

A segmentaridade molar entre Ditadura e Nova República recorre aos grandes eventos para organizar a diferença que sustenta: a Aliança do Colégio Eleitoral, o Grande Livro da Constituição e/ou a Primeira Eleição Presidencial Direta. As segmentaridades moleculares, por sua vez, distribuem os sentimentos e as percepções de outra maneira, retirando o par ditadura/democracia de sua relação com esses grandes eventos ao colocá-lo em jogo com outros acontecimentos: por exemplo, a dor dos familiares dos mortos e desaparecidos políticos ou a continuidade – e mesmo intensificação – dos massacres contra a população majoritariamente preta, pobre e periférica *em democracia* (Marques, 2012). Evidentemente essas segmentaridades são distintas, mas é preciso insistir que são inseparáveis e, portanto, coexistentes. Além disso, é preciso evitar uma certa celebração do molecular, como se dele decorressem a liberdade e a salvação. A imprópria correlação derivada de tal tendência consistiria em supor que *o Estado* é molar e *os movimentos sociais* são moleculares. Portanto, é preciso considerar, contra esse princípio identitário, uma pressuposição recíproca, que faz o molar e o molecular atravessarem "o Estado" tanto quanto "os movimentos sociais". Se nos ativermos a essas precauções analíticas (que são, também, ético-políticas), evitando a celebração ou a redução de uma segmentaridade pela outra, poderemos dizer, com mais precisão, que os lutos terrivelmente dolorosos, muitas vezes inacabáveis, uma vez que estão vinculados a desaparecimentos, assim como os efeitos terrificantes do massacre penal e paramilitar, são acontecimentos que contam nossa história tanto quanto o fazem os grandes monumentos nacionais. Poder-se-ia dizer, seguindo de perto uma formulação de Deleuze e Guattari (1997), que os sentimentos e as percepções que decorrem desses acontecimentos não param de vazar, de fugir, de escapar à organização binária ditadura/democracia.

Transição como dispositivo de governo da forma de governo

Poucos acontecimentos evidenciam tanto quanto a Lei da Anistia (Lei nº 6.683/79) as estratégias militares para a perduração da guerra ditatorial. Comecemos, portanto, por esse ponto fundamental da nossa discussão. Essa lei fez cintilar, da maneira mais clara, durante a longa *transição* que caracterizou a *abertura democrática*, os constrangimentos impostos à construção da Nova República: *ampla, geral e irrestrita* apenas para os agentes da repressão política, de burocratas a torturadores; parcial para os alvos dessa repressão; silenciosa quanto ao reconhecimento e à reparação das violências perpetradas pelos agentes do aparelho repressivo; e, finalmente, surda às vozes dos familiares dos perseguidos, torturados, mortos e desaparecidos. A esse respeito, é imprescindível observar o impressionante testemunho de Suzana Lisbôa, integrante da Comissão de Familiares de Mortos e Desaparecidos Políticos, durante a Conferência Internacional sobre o Direito à Verdade, ocorrida em 2009, com o qual Azevedo praticamente abre o seu *Ausências incorporadas*:

> Naquela época, qualquer comentário, qualquer vírgula que se falasse em relação à Lei da Anistia, qualquer complemento que se pedisse, qualquer crítica, era como se estivéssemos nós querendo desmanchar um compromisso que nós não fizemos, nós não participamos, nós não nos incluímos (Azevedo, 2018, p. 20).

Toda fala em nome dos outros, sem o devido consentimento, realiza uma decisão à revelia. Uma imposição, propriamente. Com efeito, em vez de um *pacto pela democracia*, a anistia legalizou a imposição do silêncio e do esquecimento a respeito das violências cometidas pela repressão política. Instaurou não o primeiro, mas um importante gesto de muitos que reforçaram o "esquecimento oficial fundado na impunidade e em uma série de negações: à verdade, aos corpos, à informação e à justiça" (Azevedo, 2018, p. 66). Marcou, assim, um duro golpe nos anseios de instaurar uma nova convivência, democrática, impossibilitada pelas circunstâncias existentes até ali. Forjou, por conseguinte, os termos de outra convivência, constrangida. Não é por outro motivo que se abundam as adjetivações da *transição* e da *democracia* em que vivemos: controlada, pactuada, negociada. Zaverucha afirma que não houve uma "abertura por contenção, mas uma contenção da abertura" (2010, p. 43, nota de rodapé nº 9). De maneira aproximada, Arantes defende que "[a] Abertura foi, na verdade, uma contenção continuada" (2010, p. 209). Espécie de planejamento, de desígnio, Teles define essa virada como "projeto autoritário de democracia" e a nossa contemporaneidade como "Democracia de segurança nacional" (2018, p. 20), um regime no qual "seu aspecto superficial de liberalismo e de ruptura convive com suas profundezas autoritárias fortemente alicerçadas na história" (*Ibid.*, p. 60). Mais adiante, na parte final deste texto, acionarei essa definição novamente para falar de um projeto de expansão das razões da Doutrina de Segurança Nacional por meio de um mínimo democrático.

Em consonância com esses esforços analíticos, eu gostaria de propor que o fulgor da Lei da Anistia deriva de quatro elementos bélicos que jogam alguma luz sobre as estratégias militares para a perduração da guerra ditatorial. Através deles, espero reforçar a ideia de que a *transição* não é uma espécie de período espontâneo entre um regime de governo e outro, mas um dispositivo de governo da própria forma de governo. A primeira dessas questões diz respeito à política militar do segredo e à gestão diferencial dos esquecimentos (elemento de segurança em relação ao passado); a segunda, à centralidade da *guerra* para a concepção política dos governos da *Revolução de 1964* (elemento de compreensão do combate); o permanente alerta a respeito dos limites além dos quais incorre-se em ameaça à estabilidade política, diz respeito à terceira questão (elemento de demonstração de força); e, finalmente, a exigência de condicionar os governos futuros aos limites da estabilidade diz respeito à última questão (elemento de transferência dos objetivos).

a) Elemento de segurança em relação ao passado

Para tratar da primeira questão, é preciso compreender o cuidado dos militares em relação às ações pretéritas que lhes diziam (e lhes dizem) respeito. Eles lançaram mão de uma eficaz política militar do segredo, com toda uma maquinaria burocrática de documentos sigilosos. Sabe-se bem quantos segredos: a respeito do aparelho repressivo, das torturas, dos extermínios, dos corpos desaparecidos. Há, também, toda uma outra população de segredos, destinada a encobrir os ilegalismos econômicos em que estiveram envolvidos, direta ou indiretamente. Não menos importante é o fato de que a burocracia militar refletia a respeito da importância de encobrir esses crimes e de que isso fazia parte das disputas a respeito da condução da *Revolução de 1964*. A Ditadura, evidentemente, comportou suas lutas intestinais, sua diferenciação molecular. Se o combate aos *subversivos* propiciou a explicitação de um objetivo comum, o mesmo não foi possível após o fim da luta armada (Gaspari, 2004: especialmente o capítulo *A comunidade da indisciplina*). O embate entre o general Ernesto Geisel, enquanto formava sua equipe de governo para assumir a presidência, e o coronel José Luiz Coelho Netto, Subchefe do Centro de Informações do Exército (CIE), é um dos claros sinais do descolamento dos serviços de informação das três forças militares em relação à coordenação do Serviço Nacional de Informações (SNI) (*Ibid.*). Nessa circunstância, o Informe n° 209/S-102-A3-CIE, de 16 de junho de 1975, elaborado pelo CIE e intitulado *Estudo e Apreciação sobre a Revolução de 64*, procurava "emparedar" Geisel (Baffa, 1989, p. 49 e ss.). Contra a *abertura*, o documento calculava que, se o Judiciário ganhasse independência, poderia "provar ao menos o patrocínio efetivo das Forças Armadas e governos à ações que qualquer justiça do mundo qualificaria de crimes" (Centro de Informações do Exército, 1975, p. 4-5). Mais do que isso, o estudo calculava os efeitos da possível publicização não só dos sequestros, torturas e assassinatos, mas também dos ilegalismos econômicos do *regime revolucionário*:

> [...] poderia a Justiça, crescendo a "abertura", apurar também as faltas por corrupção atribuídas até a governadores escolhidos pelos presidentes no regime revolucionário? Suportaria o povo o descrédito que isso lançaria ao próprio movimento de 64? Enfim, não seria, essa, mais

uma arma bem eficiente que nós mesmos daríamos ao marxismo internacional, contra o Brasil? (*Ibid.*, p. 5.; *cf.* também, Baffa, 1989, p. 54; Gaspari, 2004, p. 104-105).

Há toda uma história das práticas de corrupção da Ditadura. Há, também, toda uma história econômica do aprofundamento da dívida externa junto ao sistema financeiro privado internacional, sobretudo durante o *Milagre econômico* (1968-1973), mas também após a crise internacional de 1974, com os audaciosos objetivos do II Plano Nacional de Desenvolvimento (Cruz, 1984). Uma parte considerável dessa expansão da dívida se deve a políticas econômicas desastrosas, e não apenas a um único grande golpe de mestre – seja do Federal Reserve Bank (FED) ou do London Interbank Offered Rate (LIBOR) –, que, no tabuleiro financeiro, teria nos atado às correntes dos juros. Mas há também uma série de pequenos-grandes ilegalismos financeiros, diretamente ligados aos governos militares, que habitam essa espécie de pré-história do processo de "depredação financeira do estado" e de "financeirização da economia brasileira" (Oliveira, 1996). Em *O grande salto para o caos*, Maria da Conceição Tavares e José Carlos Assis (1986) descrevem como a especulação financeira prosperou sob a ostensiva proteção do Banco Central. Apresentam, também, o processo de estatização da dívida externa e os efeitos da Resolução 432 do Conselho Monetário Nacional para a estatização crescente da dívida privada. Esse livro aclara uma série de ilegalismos financeiros, que deveriam ser lembrados como acontecimentos centrais do processo de expansão da dívida pública brasileira: a intervenção que o Banco do Estado da Guanabara, delegada pelo Banco Central, realizou no conglomerado Halles; a transferência do Banco União Comercial, administrado por Roberto Campos, ao Itaú; as liquidações do Grupo Ipiranga, do Lume, do Áurea, do TAA e do UEB/Independência-Decred; os "inventivos" mecanismos de salvação acionados por Mário Henrique Simonsen, então ministro da Fazenda do governo Geisel, para evitar quebras e "preservar os superiores interesses do mercado" (Tavares e Assis, 1986, p. 51 e ss.).

Esse livro não nos deixa esquecer que "o Tesouro, e não o investidor, arcou com os custos dos grandes 'rombos' produzidos por dezenas de instituições financeiras geridas temerária ou fraudulentamente, que foram estourando em série na segunda metade dos anos 70" (*Ibid.*, p. 54). Com ele, sabemos que esses foram os expedientes pelos quais "se salvaram os arrivistas e os grandes escroques da era do 'milagre', enquanto na outra ponta se estimulava a especulação e se protegia o especulador" (*Ibid.*, p. 54).

Ademais, levantados os arquivos do Serviço Nacional de Informações (SNI) – para ficarmos apenas com um exemplo eloquente do início da década de 1980 – vamos sabendo que o presidente Figueiredo fez vistas grossas ao tráfico de armas e drogas que políticos do Mato Grosso do Sul e do Mato Grosso, filiados ao Partido Democrático Social (PDS) e ao Partido Progressista (PP), oriundos da Aliança Renovadora Nacional (ARENA), realizavam na fronteira com o Paraguai (Divisão de Segurança e Informação/Ministério da Justiça, 1981; Serviço Nacional de Informação, 1981a, 1981b, 1986, 1988a, 1988b e 1989).

b) Elemento de compreensão do combate

Passemos à segunda questão relevante, concernente à centralidade da *guerra* para a concepção política dos governos da *Revolução de 1964*. Muito evidente no discurso dos militares ao longo de todo o período ditatorial, recorrerei apenas a alguns exemplos ilustrativos para tornar essa questão sobressalente: um que antecede a *Revolução*; três que, contemporâneos ou posteriores a ela, avaliam-na ou procuram reforçá-la; e, finalmente, um que tensiona os rumos a serem tomados após o fim da luta armada.

Muito já se falou a respeito do papel decisivo do General Golbery do Couto e Silva na arquitetura do Golpe de 1964. Sua atuação à frente do Instituto de Pesquisas e Estudos Sociais (IPES) é um capítulo importante da conspiração contra o então presidente da república João Goulart. A constituição de sua centralidade no processo que provocou o Golpe deveu-se, em grande medida, à posição intelectual que ele alcançou na Escola Superior de Guerra (ESG), nos anos 1950, sendo considerado um dos principais teóricos – se não o principal – da Doutrina de Segurança Nacional a partir de um ponto de vista geopolítico brasileiro. Seu principal livro, *Geopolítica do Brasil* (Couto e Silva, 1967), primeiro exemplo que aciono, é composto por textos escritos antes do Golpe. Afonso Arinos de Melo Franco, que escreve a sua *Nota introdutória*, afirma que nesse livro se encontram "as posições de análise e de interpretação dos acontecimentos brasileiros da última década, predominantes na chamada 'Sorbonne', ou seja, nos meios intelectuais mais atuantes das Forças Armadas", e ressalta que elas "tão grande influência tiveram na mobilização revolucionária e na orientação do governo formado pela Revolução" (Franco, 1967, p. xii-xiii). Grande livro da *Revolução de 1964*, é em torno do problema da *guerra* que se organizará toda a reflexão desse clássico militar brasileiro: "[h]omens de todas as latitudes e de todas as raças – a guerra é global –, homens de todas as idades – a guerra é permanente –, homens de todas as profissões e dos credos mais diversos – a guerra é total [...]" (Couto e Silva, 1967, p. 10). Desde a evocação de uma filiação filosófica em Thomas Hobbes – quem teria intuído o "medo" como "verdadeira angústia existencial" (*Ibid.*, p. 9) – até à explicitação da necessidade geopolítica de preservar o "Ocidente democrático e cristão" e garantir a "liberdade democrática" (*Ibid.*, p. 134, 194, 225 e ss.), o que esse livro faz é traçar o "instrumento da ação estratégica" por meio do qual o Brasil poderia tomar parte na "guerra – total, permanente, global, apocalíptica – que se desenha, desde já, no horizonte sombrio de nossa era conturbada" (*Ibid.*, p. 13). Ação estratégica desde um ponto de vista geopolítico: "integração de todas as forças nacionais, todos os recursos físicos e humanos de que dispõe cada nação, de toda a sua capacidade espiritual e material, da totalidade de meios econômicos, políticos, psicossociais e militares que possa reunir para a luta" (*Ibid.*, p. 13.). *Guerra*, portanto.

Para atuar nessa *guerra*, o que um Estado-Nação precisa definir são seus "Objetivos Nacionais" (Couto e Silva, 1967, p. 11). Eis, portanto, a exigência de estabelecer as diretrizes de uma geopolítica atenta aos interesses brasileiros, capaz de definir seus "Objetivos Nacionais Permanentes" (*Ibid.*, p. 76 e ss.; 94 e ss.; 159 e ss.; 216 e ss.; 260 e ss.). É essa linguagem da *guerra* que atravessa a ação *revolucionária* e se insinua em sua imensa maquinaria documental secreta. E aqui passo aos três exemplos intermediários. Em primeiro lugar, mesmo quando não é preciso usar armas, mas fazer governo, há uma orientação estratégica baseada nesses objetivos permanentes: ao enaltecer "o pensamento revolucionário expresso pelo Presidente Castelo Branco", sete meses e meio após o Golpe, o então coronel Carlos de Meira Mattos, outro grande geopolítico da Escola Superior de Guerra e subchefe do gabinete militar da Presidência da República, não faz outra coisa senão defender uma ação de governo orientada por "objetivos nacionais", cujo "levantamento exige a apreciação cuidadosa e honesta de fatores vários, de natureza política, econômica, psicossocial, geográfica e militar" (Mattos, 1964, p. 6). Em segundo lugar, mesmo quando se está diante de uma *guerra limitada*, também é preciso guiar-se por objetivos nacionais permanentes: em uma conferência sobre *integração nacional* – um *Objetivo Nacional Permanente* defendido tanto por Couto e Silva quanto por Meira Mattos –, pronunciada durante a VII Conferência dos Exércitos Americanos (Buenos Aires, novembro de 1966), o Coronel Octávio Costa argumenta que "[o]s equívocos dos analistas resultam em apreciar a guerra moderna e as ameaças aos Estados Unidos exclusivamente em termos de guerra global; de ignorar o fenômeno da guerra revolucionária e das guerras limitadas, no contexto da guerra fria" (Ministério da Guerra, 1967, p. 7). E, talvez o mais importante, "de esquecer que a guerra moderna é vencida na mente e no coração dos homens" (*Ibid.*, p. 7). Por fim, o terceiro e mais explícito exemplo, a preparação para combates armados exige um *conceito estratégico nacional*: é o que o General Jayme Portella de Mello,

Secretário-Geral do Conselho de Segurança Nacional, apresenta ao presidente Costa e Silva por meio da ultra secreta Exposição de Motivos nº 14 – 2S/68, delineando "hipóteses de guerra" (Conselho de Segurança Nacional, 1968, p. 9) e "objetivos de guerra" (*Ibid.*, p. 17).

Finalmente, enquanto último exemplo a respeito da *guerra* como modo de pensamento dos governos militares, volto ao Informe n° 209/S-102-A3-CIE, por meio do qual o Centro de Informações do Exército envia a Geisel o *Estudo e Apreciação sobre a Revolução de 64*, pressionando-o a reavaliar o sentido da *abertura*. O que esse estudo exige é o condicionamento da "abertura política" à tarefa de "formar mentes", por meio de "uma tábua de valores", pois entende que "a luta mundial é pela conquista da mente humana, no que o marxismo internacional reconhecidamente tem sido exímio" (Centro de Informações do Exército, 1975, p. 1). Além de uma análise do êxito do "campo inimigo" e de defender a "formação mental" como essa espécie de "conquista interna" – uma "arma básica" –, este estudo compreende que o "combate atual no mundo é pela POSSE DA MENTE HUMANA" (*Ibid.*, p. 6; caixa alta no original). Guerrilha ideológica, poder-se-ia concluir. Mas não só. O documento afirma que o "Movimento de 64 [...] não se dobrará a ele [o "socialismo marxista"] e o combaterá por todos os meios de que disponha o país" (*Ibid.*, p. 8).

Se considerarmos, em reforço às duas primeiras questões que acabo de tratar e aos exemplos que as sustentam, que esse último documento exigia que o Ato Institucional nº 5 fosse mantido até que se encontrasse um "modo de institucionalizá-lo definitivamente" ou até que houvesse "infra-estrutura e pessoas preparadas para manter o espírito de 1964" (Centro de Informações do Exército, 1975, p. 11), compreenderemos com mais agudeza o que significa projetar a *transição* como governo da própria forma de governo. Os militares, antes e durante a Ditadura, souberam dar uma considerável extensão a esse elemento que antecede o jogo político e o ordenamento jurídico – não apenas no sentido temporal, pois opera *entre*. A título de hipótese, uma hipótese nietzschiana, Foucault o nominou da maneira mais explícita ao inverter o aforismo de Clausewitz ("a guerra não é mais que a continuação da política por outros meios") para definir o funcionamento do *socius*: "a política é a guerra continuada por outros meios" (Foucault, 1999, p. 22). Com efeito, se levarmos em conta essa hipótese nietzsche-foucaultiana e, acima de tudo, se concedermos que os militares da *Revolução de 1964* souberam se colocar mais próximos às exigências agonísticas do *socius*, teremos de considerar que nossas instituições políticas, bem como o ordenamento jurídico que as sustenta, não são apenas atos de guerra, mas verdadeiros instrumentos da guerra, seu prosseguimento por outros meios. Assim, joga-se alguma luz sobre o risco de pânico alardeado toda vez que uma política popular da verdade (seja ela sobre os mortos e desaparecidos da Ditadura, seja sobre a dívida pública) reclama a recordação daquilo a que a *guerra* impôs esquecimento. Pânico político-institucional, pânico financeiro. O nosso conhecido medo da instabilidade.

c) Elemento de demonstração de força

Mas então, como se fundou a nossa *democracia*, essa espécie de armistício, assegurando as diretrizes da *guerra permanente* que a precede e a atravessa? Teles jogou luz sobre uma parte importante dessa operação – terceira questão relevante para esta discussão – ao problematizar a "farsa dos dois demônios", um discurso que procura igualar "a luta de resistência com a barbárie da tortura e dos assassinatos comandados pela cúpula das Forças Armadas", de modo a legitimar "uma posição de consenso, comprada por setores conservadores da oposição", autorizada a 'superar' os excessos tanto dos militantes da luta armada, quanto dos agentes dos porões da ditadura" (Teles, 2018, p. 29). Replicado, agora, *em democracia*, o discurso dos dois demônios alerta para os "excessos" tanto das vítimas e dos familiares, "que tudo quer[em] lembrar" (por isso são acusados de "revanchistas"), quanto dos militares, que defendem o "esquecimento da violência do Estado" (*Ibid.*).

Aqui é imprescindível retomar a etnografia de Azevedo para expor, novamente, o testemunho de Suzana Lisbôa:

> [...] infelizmente, mesmo tendo sido os protagonistas dessa história por mais de quarenta anos, nós, os familiares, somos em muitos momentos malvisto, malquisto e mal-entendidos. Faz trinta anos, no dia 22 de agosto, que nós fizemos, no dia da votação da Lei da Anistia no Congresso Nacional, a denúncia do encontro do corpo do Luís Eurico, meu marido. O primeiro desaparecido que nós localizamos enterrado no cemitério de Perus. Logicamente recebi, a partir de então, uma quantidade imensa de ameaças, não só da direita, *mas também da esquerda*, porque essa atitude foi uma atitude considerada revanchista (Azevedo, 2018: 19-20; grifo em itálico feito por mim).

Testemunhando em um evento promovido pelo Governo Federal, um governo conduzido pelo Partido dos Trabalhadores, reconhecidamente democrático e que se autodefine como de centro-esquerda, Suzana e cada um de nós estamos metidos em uma operação de guerra que *iguala extremos* e *legitima um consenso*, uma *média*, um afastamento dos *excessos* que repõem os termos da batalha inconclusa. Segundo Teles, entre a escuta controlada aos que clamam pela memória e a negociação obediente com os que impõem o esquecimento, o que o discurso dos "dois demônios" permite passar é "o silêncio sobre o passado" (Teles, 2018, p. 29, 36). Consignada aos democratas, à direita, ao centro e à esquerda, a gestão dessa operação depende da linguagem da governabilidade, do acordo, da conciliação, da coalizão pragmática.

d) Elemento de transferência dos objetivos

Depende da *realpolitik*, dir-se-ia – e aqui chegamos à quarta questão relevante. A gestão da *transição* se faz por meio de uma política do possível, de uma intransigência *democrática* em relação aos riscos à estabilidade; ao passo que, na outra ponta do dispositivo, as operações de guerra se mostram mais nitidamente no combate aos que se supõe que dissidem. A esse funcionamento bifurcado, Teles dá o nome de mecanismos bifrontes (Teles, 2018, p. 18), enquanto Henrique Parra (2018), prefaciador de *O abismo na história*, o denomina dispositivos de dupla função. Ambos salientam que essa política do possível, à qual se dedicam com disciplina os sujeitos produzidos para a (e na) *transição*, perfaz uma *democracia* minimalista, cuja fraca existência fica restrita aos limites – espécies de alertas – do *continuum* autoritário. Assim, essa *realpolitik* produziu as condições de possibilidade para a expansão democrática das ações autoritárias.

Em síntese, podemos dizer que a *transição democrática* brasileira pode ser caracterizada pelos quatro elementos expostos acima: 1) a gestão dos esquecimentos e perdões; 2) a continuidade da guerra por outros meios; 3) a permanente ameaça contra os excessos; e, finalmente, 4) a consignação do governo condicionado à *realpolitik*. Com essa caracterização delineada, avançarei para a última parte deste texto com o objetivo de pensar a *transição* no quadro de um projeto de expansão das razões da Doutrina de Segurança Nacional por meio de um mínimo democrático. Evidentemente, me guio pela hipótese nietzsche-foucaultiana exposta anteriormente, segundo a qual "a política é a guerra continuada por outros meios" (Foucault, 1999, p. 22).

Democracia como exceção continuada por outros meios

Sob o signo da governabilidade necessária, seguimos reféns do conservadorismo de alguns setores e, principalmente, da grande imprensa. Nessa circunstância, diversas frentes progressistas mantêm a *esperança* de que, em algum momento, e com muito trabalho de ilustração, convenceremos esses setores de que a dívida pública colapsa a economia nacional e arruína a vida de milhões de brasileiros; de que os extermínios promovidos pelo aparelho de repressão da Ditadura são inadmissíveis, e a verdade escondida a respeito das operações contra os militantes da oposição deve ser tornada pública e os responsáveis punidos, ainda que extemporaneamente; de que os massacres promovidos pelas polícias democráticas devem ser severamente punidos e a política de encarceramento em massa deve ser desativada. Enquanto não obtemos esse convencimento, qualquer movimentação que avance em direção oposta à estabilidade política será considerada malvista, malquista e mal-entendida e, no limite, provocará o temor (*medo*) dos democratas e a reação (*poder*) dos militares e conservadores.

Esperança, *medo* e submissão a um *poder* alheio, eis os afetos e a condição fundamentais da transição e da convivência em democracia. Das nossas vidas, submetidas a uma soberania da qual mal sabemos o(s) rosto(s). No seu *Tratado político*, Spinoza descreve com máxima clareza o que significa estar sob a jurisdição de outrem (*esse alieni juris*):

> Tem um outro sob seu poder quem o detém amarrado, ou quem lhe tirou as armas e os meios de se defender ou de se evadir, quem lhe incutiu medo ou quem, mediante um benefício, o vinculou de tal maneira a si que ele prefere fazer-lhe a vontade a fazer a sua, e viver segundo o parecer dele a viver segundo o seu. Quem tem um outro em seu poder sob a primeira ou a segunda destas formas, detém só o corpo dele, não a mente; mas quem o tem sob a terceira ou a quarta forma fez juridicamente seus, tanto a mente como o corpo dele, embora só enquanto dura o medo ou a esperança; na verdade, desaparecida esta ou aquele, o outro fica sob jurisdição de si próprio (Spinoza, 2009, p. 17; art. 10).

Espécie estranha de maquinaria de guerra, a democracia como exceção continuada por outros meios combina os enormes e dispendiosos aparelhos de combate e de anulação aos leves (embora intensivos) condicionamentos jurídico-institucionais, por meio dos quais realiza os quatro tipos de apoderamento descritos por Spinoza. Nos primeiro e segundo casos, os gigantescos aparelhos de combate da nossa moderna democracia apoderam-se dos corpos daqueles que se supõe que dissidem, seja prendendo-os em seu enorme parque carcerário, seja tornando-os lentos nos bairros afastados das cidades organizadas por segmentaridades duras, ou ainda, combatendo-os com pesados batalhões policiais nas ruas por onde flui a riqueza comercial e financeira. Nos terceiro e quarto casos, a legalidade e os serviços jurídico-institucionais vinculam os não ricos (a grande maioria da população) a modos bastante desfavoráveis à reprodução de suas vidas, mas de uma maneira que os faz esperar por melhores dias e temer as formulações e propostas sobre transformações estruturais, a respeito das quais, afinal, muito pouco se é dado a saber e discutir. Aos que estimulam essas discussões publicamente, impõem-se as técnicas de silenciamento. Caso façam-se ouvir, deparam-se logo com os alertas em nome da estabilidade política ou econômica. Serão malvistos, malquistos e mal-entendidos.

No mesmo *Tratado político*, Spinoza diz ter procurado "[...] escrupulosamente não rir, não chorar, nem detestar as ações humanas, mas entendê-las", de modo que fosse possível não encarar "os afetos humanos, como são o amor, o ódio, a ira, a inveja, a glória, a misericórdia e as restantes comoções do ânimo, como vícios da natureza humana, mas como propriedades que lhe pertencem [...]" (Spinoza, 2009, p. 8; art. 4). Se quisermos pensar detidamente a respeito de nossa *esperança democrática* e de nosso *medo da instabilidade*, fugindo de caracterizações essencialistas, devemos, à luz de uma ética das misturas dos corpos, compreender a ecologia política da nossa democracia, os corpos que a constituíram, os que a atravessam e os que foram por ela produzidos.

Mirando as relações de força que condicionaram a *transição*, Teles argumenta que "a democracia nasceu sob a suspensão de direitos", lembrando que "os crimes de graves violações de direitos durante a ditadura não foram apurados e [que] o primeiro governo civil foi indicado por um colégio eleitoral de cerca de 500 parlamentares integrantes do Legislativo sitiado pelas leis autoritárias do regime ditatorial" (Teles, 2018, p. 31). Esse elemento que se antepõe ao ordenamento jurídico, essa espécie de corpo maior que sitia todos os outros, dando-lhes limites *democráticos*, permanecerá cintilando *em democracia*, como uma espécie de aviso, sempre que considerar necessário.

Para constatar sua força, sua luminosa força, basta conferir o voto vencedor de Eros Grau, ministro do Supremo Tribunal Federal – que um dia foi torturado nos porões da Ditadura – no julgamento da Arguição de Descumprimento de Preceito Fundamental (ADPF 153), em que a Corte rejeitou o pedido da Ordem dos Advogados do Brasil (OAB) por uma revisão na Lei da Anistia (Lei nº 6683/79). Relator do processo, ele fez uma minuciosa reconstituição histórica e política das circunstâncias que levaram à edição da Lei da Anistia e ressaltou que não cabe ao Poder Judiciário rever o acordo político que, na transição do regime militar para a democracia, resultou na anistia de todos aqueles que cometeram crimes políticos e conexos a eles no Brasil entre 2 de setembro de 1961 e 15 de agosto de 1979. Além do ministro Eros Grau, posicionaram-se dessa maneira as ministras Cármen Lúcia Antunes Rocha e Ellen Gracie, e os ministros Gilmar Mendes, Marco Aurélio, Celso de Mello e Cezar Peluso. Votaram pela não revisão porque reconhecem na Lei da Anistia os últimos movimentos de uma guerra declarada que, como tal, antecede o ordenamento jurídico convencionado posteriormente. Em outras palavras, não podem rever porque continuam a fazer a mesma *guerra*, agora continuada por outros meios.

Não importa que Eros Grau chame esse elemento, que se antepõe ao ordenamento jurídico, de acordo político e não de guerra. A reluzente "tutela militar da política" (Teles, 2018, p. 32) se faz ver aqui e ali. Do Decreto-Lei nº 898, de 29 de setembro de 1969, à Lei nº 7.170, de 14 de dezembro de 1983, passando pela Lei nº 6.620, de 17 de dezembro de 1978, uma mesma operação de guerra define os crimes contra a segurança nacional e a ordem política e social. Operação de guerra porque dirige a velha maquinaria bélica de confronto entre estados para combater os inimigos internos e seus esforços subversivos. Antes disso, em 2 de julho de 1969, o Decreto-Lei nº 667 reorganizava as Polícias Militares e os Corpos de Bombeiros Militares dos Estados, dos Territórios e do Distrito Federal como forças auxiliares do Exército, preparando uma guerra a ser continuada por outros meios. A urgência declarada de combate à luta armada prepara um novo campo de batalha, a ser percorrido por um policiamento ostensivo, fardado e armado, incumbido de ações dissuasórias e repressivas. E o que foi que o Decreto-Lei nº 2.010, de 12 de janeiro de 1983, que reorganizou as polícias e os corpos de bombeiros militares, alterou desse princípio? Fundamentalmente, nada. Antes do seu Art. 4º, que sujeita as Polícias Militares à "vinculação, orientação, planejamento e controle operacional do órgão responsável pela Segurança Pública, sem prejuízo da subordinação administrativa ao respectivo Governador", os três primeiros artigos nos dizem que o elemento militar e sua *guerra permanente* antecedem toda formulação política. À Constituição Federal de 1988 coube apenas reiterar esse condicionamento, especialmente em seu Art. 144 (§ 5º e § 6º).

Entretanto, o ponto em que a preeminência da *guerra* em relação ao ordenamento jurídico e à política institucional se mostra mais viva, mais cintilante, é o Decreto-Lei nº 1.001, de 21 de outubro de 1969, que instituiu o Código Penal Militar. Nele, a definição de *crimes militares em tempo de paz*, jurisdicionados de modo praticamente incondicional à Justiça Militar – afinal, a Lei nº 13.491, de 13 de outubro de 2017, que altera o Art. 9º desse código, arranha-o com a inclusão do § 1º e assopra-o com a inclusão do § 2º – evidencia que a paz continua a ser uma operação de guerra, o que exige uma proteção permanente aos seus combatentes. Espécie de desdobrador dessa proteção, a Emenda Constitucional nº 7, de 13 de abril de 1977, emendando a Constituição Federal de 1967, atribuiu à "justiça militar estadual" a "competência para processar e julgar, nos crimes militares definidos em lei, os integrantes das polícias militares". Não é fortuito lembrar que essa emenda constitucional foi parte do que ficou conhecido como Pacote de Abril, um conjunto de reformas constitucionais promovidas pelo sacrossanto presidente Ernesto Geisel – o inviolável, para muitos apologistas da *abertura democrática* –, após determinar o fechamento do Congresso Nacional, valendo-se dos poderes que lhe eram conferidos pelo Ato Institucional nº 5. Uma década depois, sob o espírito da *Democracia*, coube à Constituição Federal de 1988 legitimar a operação de guerra que condiciona a *pax* democrática, concedendo-lhe sua Seção VII para definir a Justiça Militar e, em seu âmbito, dedicando o Art. 124 para estabelecer sua competência sobre os crimes militares.

Cada uma dessas flagrantes continuidades da Ditadura sobre a Nova República evidencia, mais precisamente, a expansão das razões da Doutrina de Segurança Nacional por meio de um mínimo democrático. Findada as condições adequadas de sustentação do regime ditatorial, do que mais precisavam os defensores da Doutrina de Segurança Nacional além dos *requirements for democracy* (Dahl, 2012) para produzir um novo terreno de continuidade às suas razões? Seria uma ingenuidade monumental supor que esses atores temem o nome da *democracia*, ainda mais quando as exigências que a acompanham são esvaziadas. A moderna teoria democrática fundada por Joseph Schumpeter (1984), amplamente conhecida pela crítica dirigida ao conceito clássico de democracia e pelos numerosos seguidores que soube cativar, reduziu esse nome a um método de competição. Desde então, essa *definição mínima de democracia* tem servido como um importante componente estratégico para legitimar *conteúdos* não democráticos. Formalismo politológico: o nome democracia, libertado do *demos* pelo qual reclama, oferece-se como forma desencarnada a conteúdos alheios à sua exigência.

Em contrapartida, ocupados demais com nossa *conquista democrática*, com nosso método de competição, mas também com a esperança por dias melhores e com o medo das instabilidades econômico-políticas, nossa capacidade de reclamar pelo *krátos* permanece baixa. Nossa atenção é permanentemente desviada das formas de poder arraigadas historicamente, que constrangem nossas capacidades atuais. Assim, a questão dos esquecimentos e perdões parece um problema do passado; a continuidade da guerra por outros meios, um delírio; a permanente ameaça contra os excessos, uma posição moderada; e a consignação do governo condicionado à *realpolitik*, uma questão de responsabilidade.

Referências Bibliográficas

ABELLO-COLAK, Alexandra; LOMBARD, Melanie; GUARNEROS-MEZA, Valeria. *Framing urban threats: a socio-spatial analysis of urban securitisation in Latin America and the Caribbean.* Urban Studies s.n., p. 1-22, 2023.

ADORNO, Francesco Paulo. Tarefa do Intelectual – O modelo socrático A. *In*: Gros, Frédéric (org.). *Foucault: a coragem da verdade.* Trad. Marcos Marcionilo. São Paulo, SP: Parábola Editorial, 2004.

ALMEIDA, Matheus de Araújo. *Do luto à luta: O Movimento Mães de Maio da Baixada Santista de São Paulo.* Dissertação (Mestrado em Antropologia Social). Faculdade de Filosofia, Letras e Ciências Humanas da Universidade de São Paulo, São Paulo, 2021.

_______. Maternidade contra o genocídio: o Movimento Mães de Maio frente à democracia das chacinas. *Revista Antropolítica, v. 54*, n. 3, p. 415-437, 2022.

ALVAREZ, Isabel Pinto. A plasticidade da metrópole de São Paulo: reprodução do espaço, financeirização e propriedade da terra. *Cidades (Presidente Prudente), v. 11*, n. 19, p. 268-295, 2014.

ALVES, Jaime Amparo. From necropolis to blackpolis: Necropolitical governance and black spatial praxis in São Paulo, Brazil. *Antipode*, v. 46, n. 2, p. 323-339, 2014.

_______. F*da-se a polícia! Formações estatais antinegras, mitos da fragilidade policial e a urgência de uma antropologia da abolição. *Dilemas, Revista de Estudos do Conflito e Controle Social,* v. 15, n. 3, p. 1021-1045, 2022.

AMADEO, Javier et al. *Violência de Estado no Brasil: uma análise dos Crimes de Maio de 2006 na perspectiva da antropologia forense e da justiça de transição.* São Paulo: Universidade Federal de São Paulo, 2019. Disponível em: https://www.unifesp.br/reitoria/caaf/images/Relat%C3%B3rio_-_Crimes_de_Maio.pdf

ARANTES, Paulo Eduardo. “1964, o Ano que Não Terminou”. In: E. Teles & V. Safatle (orgs.). *O que resta da ditadura: a exceção brasileira.* São Paulo: Boitempo, 2010, pp. 205-236.

ARAÚJO, Fábio A. *Do Luto à Luta: A experiência das Mães de Acari.* Dissertação de Mestrado. Instituto de Filosofia e Ciências Sociais (IFCH) da Universidade Federal do Rio de Janeiro (UFRJ), Rio de Janeiro, 2007.

ASPERTI, Maria Cecília de Araujo et al. (Não) Acesso à justiça nos casos de indenização dos familiares das vítimas do massacre do Carandiru. In: MINISTÉRIO PÚBLICO FEDERAL. *Violência de Estado: controle externo da atividade policial, sociedade e sistema de justiça.* Brasília, DF: MPF, 2020, p. 309-340 Disponível em: https://www.mpf.mp.br/atuacao-tematica/ccr7/atos-e-publicacoes.

ASSUMPÇÃO, Raiane P. S. (org.). *Política de curricularização da extensão na UNIFESP: caminhos, desafios e construções.* São Paulo: Alameda, 2021.

AUGUSTO, Acácio; RODRIGUES, Thiago. Liberdade e securitizações: manifestações de rua, mediadas de segurança e expansão dos monitoramentos. In: Adriano de Freixo. (Org.). *Manifestações no Brasil: as ruas em disputa.* 1ed. Rio de Janeiro: Oficina Raquel, 2016, p. 57-84.

AUGUSTO, Acácio; WILKE, Helena. Racionalidade neoliberal e segurança: embates entre democracia securitária e anarquia. In: Margareth Rago; Mauricio Pelegrini. (Org.). *Neoliberalismo, feminismos e contracondutas? perspectivas foucaultianas.* 1ed. São Paulo: Intermeios, 2019, v. 1, p. 225-245.

AZEVEDO, Desirée de Lemos. *Ausências incorporadas: etnografia entre familiares de mortos e desaparecidos políticos no Brasil.* São Paulo: Editora Unifesp, 2018.

BAFFA, Ayrton. *Nos porões do SNI: o retrato do monstro de cabeça oca.* Rio de Janeiro: Editora Objetiva, 1989.

BATISTA, Vera Malaguti. *O medo na cidade Rio de Janeiro: Dois tempos de uma história.* Rio de Janeiro: Revan, 2003.

________. A questão criminal no Brasil contemporâneo. *2º Fórum Nacional de Alternativas Penais*: Audiências de Custódia e a Desconstrução da Cultura do Encarceramento em Massa. Salvador, 2016.

BHANDAR, Brenna. Property, Law, and Race: Modes of Abstraction. *UC Irvine Law Review*, Irvine, v. 4, n. 1, p. 203-218, 2014.

BLOMLEY, Nicholas. Law, Property, and the Geography of Violence: The Frontier, the Survey, and the Grid. *Annals of the Association of American Geographers*, v. 93, n.1, p. 121-141, 2003.

BONDS, Anne. Race and ethnicity I: Property, race, and the carceral state. *Progress in Human Geography, v. 43*, n. 3, p. 1-10, 2018.

BRANT, Vinicius Caldeira; SINGER, Paul (Org.). *São Paulo: o povo em movimento*. Rio de Janeiro: Editora Vozes, 1980.

BUENO, Samira. *Bandido bom é bandido morto: a opção ideológico-institucional da política de segurança pública na manutenção de padrões de atuação violentos da polícia militar paulista.* Dissertação (Mestrado em Administração Pública e Governo) – Fundação Getúlio Vargas – FGV, São Paulo, 2014.

BUENO, Samira; LIMA, Renato Sérgio de; TEIXEIRA, Marco Antônio Carvalho. Limites do uso da força policial no Estado de São Paulo. *Cadernos EBAPE.BR*, v. 17, Edição Especial, Rio de Janeiro, nov. 2019.

BUXTON, Nick; HAYES, Ben (Eds). *The secure and the dispossessed: How the military and corporations are shaping a climate-changed world.* Londres: Pluto Press, 2016.

CALDEIRA, Teresa Pires do Rio. *Cidade de muros: crime, segregação e cidadania em São Paulo.* São Paulo: Ed. 34/Edusp, 2000.

CENTRO DE ANTROPOLOGIA E ARQUEOLOGIA FORENSE DA UNIFESP (CAAF/Unifesp); NÚCLEO DE ACESSO À JUSTIÇA, PROCESSO E MEIOS DE SOLUÇÃO DE CONFLITOS E NÚCLEO GÊNERO E DIREITO DA FGV SP. *Relatório n. 1 do Projeto Reparações: premissas e conceitos fundamentais para o estudo e a prática em matéria de reparações pela violência de Estado: síntese dos resultados de pesquisas com diagnósticos sobre as respostas do Judiciário paulista em ações judiciais individuais.* São Paulo: CAAF; Unifesp, 2023.

CENTRO DE ASSISTÊNCIA JURÍDICA SARACURA; CLÍNICA DE DIREITOS HUMANOS DA UNIVERSIDADE FEDERAL DE SÃO PAULO. *Amicus curiae. Processo nº 1041323-08.2020.8.26.0053. 12ª Vara da Fazenda Pública da Comarca da Capital – São Paulo*, 24 de maio de 2022. Disponível em: < https://clinicadireitoshumanos.unifesp.br/atividades/direitos-humanos-e-viol%C3%AAncia-policial/manifesta%C3%A7%-C3%A3o-de-amicus-curiae >.

CENTRO DE INFORMAÇÕES DO EXÉRCITO. (1975). Informe n° 209/S-102-A3-CIE, de 16 de junho de 1975.

CHRISTIE, Nils. *A Indústria do controle do crime: a caminho dos* gulags *em estilo ocidenta*l. Tradução de Luis Ieiri. Rio de Janeiro: Forense, 1998.

CLÍNICA DE DIREITOS HUMANOS DA UNIFESP; CLÍNICA DE ACESSO À JUSTIÇA DA DIREITO FGV; CENTRO DE ASSISTÊNCIA JURÍDICA SARACURA – CAJU; NÚCLEO DE GÊNERO E DIREITO DA DIREITO FGV; OBSERVATÓRIO DA VIOLÊNCIA RACIAL DO CAAF/UNIFESP. *Manifestação de Amicus Curiae no caso Airton Honorato e outros (Castelinho) vs. Brasil*, 2023. Disponível em: https://clinicadireitoshumanos.unifesp.br/atividades/direitos-humanos-e-viol%C3%AAncia- policial/manifesta%C3%A7%C3%A3o-de-amicus-curiae-sobre-o-caso-castelinho

CONSELHO DE SEGURANÇA NACIONAL. (1968). *Exposição de Motivos nº 14 – 2S/68*, de 22 de junho de 1968.

COUTO E SILVA, Golbery do. *Geopolítica do Brasi*l. Rio de Janeiro: José Olympio, 1967.

CRUZ, Paulo Davidoff. As origens da dívida. *Lua Nova*, São Paulo, n. 2, p. 41-46, 1984.

DAHL, Robert. *Poliarquia: participação e oposição.* São Paulo: Edusp, 2012.

DELEUZE, Gilles & GUATTARI, Félix. *Mil platôs: capitalismo e esquizofrenia,* vol. 3. São Paulo: Ed. 34, 1997.

________. *Mil platôs: capitalismo e esquizofrenia,* vol. 4. São Paulo: Ed. 34, 1997.

DETIENNE, Marcel. *A identidade nacional, um enigma*. Belo Horizonte: Autêntica Editora, 2013.

DIVISÃO DE SEGURANÇA E INFORMAÇÃO/ MINISTÉRIO DA JUSTIÇA. (1981). *Informação nº 406/02/81/DSI/MJ* (Assunto: Procedimento irregular de autoridades), de 30 de novembro de 1981.

EXAME. Mourão diz que família sem pai ou avô é fábrica de elementos desajustados. In: *Exame*, Brasil, 17 set. 2018. Disponível em: https://exame.com/brasil/mourao-diz-que-familia-sem-pai-ou-avo-e-fabrica-de-elementos-desajustados/.

FERREIRA DA SILVA, Denise. Ninguém: direito, racialidade e violência. *Meritum*, Belo Horizonte, v. 9, n. 1, p. 67-117, jan./jun. 2014.

FIRMINO, Rodrigo José. Securitização, vigilância e territorialização em espaços públicos na cidade neoliberal. *Risco*, v. 15, n. 1, p. 23-35. São Carlos, 2017.

_______. Securitização, vigilância e territorialização em espaços públicos na cidade neoliberal. In BRUNO, Fernanda et al. (org.). *Tecnopolíticas da vigilância: perspectivas da margem*. São Paulo: Boitempo, 2018.

FOOT HARDMAN, Francisco. A Tróia de taipas: Canudos e os irracionais. In FOOT HARDMAN, Francisco (org.). *Morte e progresso:* cultura brasileira como apagamento de rastros. São Paulo: Unesp, 1998.

FÓRUM BRASILEIRO DE SEGURANÇA PÚBLICA. *10º Anuário Brasileiro de Segurança Pública*. São Paulo: Fórum Brasileiro de Segurança Pública, 2016. Disponível em: https://forumseguranca.org.br/storage/10_anuario_site_18-11-2016-retificado.pdf . Acesso em: 28 de Outubro de 2023.

_______. *Anuário brasileiro de segurança pública, 17*. FBSP, 2023. Disponível em: <https://publicacoes.forumseguranca.org.br/items/6b3e3a1b-3bd2-40f7-b280-7419c8eb3b39>. Acesso em: 13 de julho de 2023.

FOUCAULT, Michel. *Microfísica do poder*. Trad. Roberto Machado. 4a edição. Rio de Janeiro: Edições Graal, 1984.

_______. *Em defesa da sociedade*. Curso no Collège de France (1975-1976). São Paulo: Martins Fontes, 1999.

_______. *Le Courage de la Vérité. Le gouvernement de soi et des autres ici*. Cours au Collège de France. Paris: Gallimard, 2009.

FRANCO, Afonso Arinos de Melo. Nota introdutória. In: COUTO E SILVA, Golbery do. *Geopolítica do Brasil*. Rio de Janeiro: José Olympio, 1967.

FRANCO, Maria Sylvia Carvalho. *Homens livres na ordem escravocrata*. São Paulo: IEB/USP, 1967.

FREITAS, Rita de Cássia Santos. *"Mães de Acari": Preparando a tinta e revirando a Praça: um estudo sobre mães que lutam.* Tese de Doutorado. Escola de Serviço Social (ESS), Universidade Federal do Rio de Janeiro (UFRJ), Rio de Janeiro, 2000.

FRÚGOLI Jr., Heitor. A questão da centralidade em São Paulo: o papel das associações de caráter empresarial. *Revista de Sociologia e Política*, n. 16, p. 51-66, 2001.

GAGNEBIN, Jeanne Marie. *Lembrar, escrever, esquecer.* São Paulo: Editora 34, 2009.

GALEANO, Subcomandante Insurgente. *Contra a hidra capitalista.* São Paulo: n-1 edições, 2021.

GARLAND, David. *A cultura do controle*: crime e ordem social na sociedade contemporânea. Rio de Janeiro: Instituto Carioca de Criminologia/ Revan, 2008

GASPARI, Elio.. *A ditadura encurralada.* São Paulo: Companhia das Letras, 2004.

GILMORE, Ruth Wilson. *Califórnia Gulag:* prisões, crise do capitalismo e abolicionismo penal. Tradução de Bruno Xavier. São Paulo: Igrá Kniga, 2024.

GORINI, Ulisses. *La rebelión de las madres – Historia de las madres de Plaza de Mayo.* Tomo I (1976-1983). Buenos Aires: Grupo Editorial Norma, 2006.

GRAÇA, Alice Marta Belinello da. *Da casa às ruas: o movimento de mães em São Paulo.* Dissertação de Mestrado. Guarulhos, Universidade Federal de São Paulo (UNIFESP) – Escola de Filosofia, Letras e Ciências Humanas (EFLCH), São Paulo, 2014.

GRAHAM, Stephen. *Cidades Sitiadas:* o novo urbanismo militar. São Paulo: Boitempo Editorial, 2016.

GREGORY, Derek. Defiled cities. *Singapore Journal of Tropical Geography, v. 24*, n. 3, p. 307-326, 2003.

GURGEL, José Alfredo Amaral. (1975). *Segurança e democracia: uma reflexão política.* Rio de Janeiro: J. Olympio, 1975.

HARRIS, Cheryl I. Whiteness as Property. *Harvard Law Review, v. 106*, n. 8, p. 1707-1791, 1993.

HARTMAN, Saidiya. Tempo da escravidão. *Contemporânea – Revista de Sociologia da UFSCar,* v. 10, n. 3, set.-dez. , pp. 927-948, 2020.

________. *Vidas rebeldes, belos experimentos: histórias íntimas de meninas negras desordeiras, mulheres encrenqueiras e queers radicais.* São Paulo: Fósforo, 2022.

INGOLD, Tim. *Chega de etnografia! A educação da atenção como propósito da antropologia.* Porto Alegre, v. 39, n. 3, p. 404-411, set.-dez. 2016.

JOZINO, Josmar. *Casadas com o crime – histórias do PCC.* São Paulo: Letras do Brasil, 2008.

KALDOR, Mary. *New and old wars:* organized violence in a global era. Stanford, Califórnia: Stanford University Press, 1999.

LAPA, Fernanda Brandão. *Clínica de direitos humanos: uma alternativa de formação em direitos humanos para cursos jurídicos no Brasil.* Tese (Doutorado em Educação: Psicologia da Educação) - Programa de Estudos Pós-Graduados em Educação: Psicologia da Educação, Pontifícia Universidade Católica de São Paulo. São Paulo, 2014.

LEVI, Primo. *É isto um homem?.* Rio de Janeiro: Rocco, 1988.

________. *Os afogados e os sobreviventes.* São Paulo: Paz e Terra, 1990.

MACHADO, Marta Rodriguez; MACHADO, Maíra Rocha; FONSECA, Anderson Lobo da. Estado contra familiares de vítimas? O Massacre do Carandiru e os limites das ações judiciais de indenização em casos de graves violações de direitos humanos. *Revista da Faculdade de Direito UFPR*, v. 66, n. 1, p. 31-66, 2021.

MÃES DE OSASCO E BARUERI. *6 anos da Chacina de Osasco e Barueri.* YouTube, 20 ago. 2021. Disponível em: https://www.youtube.com/watch?v=F023TFYmDm4

MALVEZZI FILHO, Paulo Cesar. *Máquinas de massacre: A produção da morte e da sobrevivência no Compaj.* Dissertação de Mestrado em Filosofia – Universidade Federal de São Paulo, Escola de Filosofia, Letras e Ciências Humanas, Guarulhos, 2021.

MARQUES, Adalton. Pretos, pobres e periféricos (3 Ps): essa é a sigla da nossa política de extermínio. *Carta Maior*, 22 ago. 2012. Disponível em: https://www.geledes.org.br/pretos-pobres-e-perifericos-3-ps-essa-e-a-sigla-da-nossa-politica-de-exterminio/

________. *Humanizar e expandir: uma genealogia da segurança pública em São Paulo.* São Paulo: IBCCRIM, 2018a

________. Sobre o exército prisional de descarte: notas para a desativação da governança democrático-humanista da segurança pública. In: Paulo César Malvezzi Filho e Rodolfo de Almeida Valente (Orgs). *Tortura em tempos de encarceramento em massa.* Pastoral Carcerária Nacional – CNBB, 2018b.

________. (Re)abrir arquivos, suspeitar dos cortes: política penal e expansão carcerária dos Governos Militares (1964-1978). *Revista de @ntropologia da UFSCar*, 16 (1), jan./jun., p. 9-38, 2024.

MARTINS, José de Souza. *O Cativeiro da Terra.* São Paulo: Hucitec, 1998.

MARTINS, Mariane. Chacinas e criação de movimentos sociais de mães no RJ. *Le Monde Diplomatique Brasil*, 27 jul. 2022. Disponível em: https://diplomatique.org.br/chacinas-e-criacao-de-movimentos-sociais-de-maes-no-rj/

MATTOS, Carlos de Meira. "Pensamento revolucionário brasileiro". *Jornal do Brasil*, Caderno Especial, p.6, 15 nov. 1964.

MBEMBE, Achille. *Políticas da inimizade.* São Paulo: Ed. N-1, 2020.

MCCLINTOCK, Anne. Couro imperial: raça, travestismo e o culto da domesticidade. *Cadernos Pagu,* Campinas, n. 20, pp. 7-85, 2003.

MENDES, Gil Luiz . Mães se reúnem para lembrar os sete anos da chacina de Osasco e Barueri. *Ponte Jornalismo*, Ago. 2022. Disponível em: https://ponte.org/maes-se-reunem-para-lembrar-os-sete-anos-da-chacina-de-osasco-e-barueri/.

MINISTÉRIO DA GUERRA. (1967). *Exército: fator de integração nacional.* Conferência pronunciada, no dia 3 de novembro de 1966, pelo Coronel Octávio Costa, do Exército Brasileiro, na VII Conferência dos Exércitos Americanos, realizada em Buenos Aires. Rio de Janeiro: Comissão Diretora de Relações Públicas do Exército; Imprensa do Exército.

MORAES, Alana; ROLIM, Sofia. Democracia como técnica de gestão, prevenção e controle: como retomar o imprevisível? In: *Democracia nas ruas e nas redes: 10 anos das jornadas de Junho e os junhos que virão.* São Paulo: Artigo 19, 2024.

MOURA, Rosa. Um Ensaio sobre o controle da cidade e do cidadão contemporâneo. *Cidades, São Paulo,* v. 3, n. 5, p. 37-66. São Paulo, 2006.

NOBRE, Carlos. *Mães de Acari: Uma história de protagonismo social.* Rio de Janeiro: Editora PUC-Rio, 2005.

OLIVEIRA, Francisco de. Entrevista. *Ensaios FEE*, Porto Alegre, v. 17, n. 2, p. 50-54, 1996.

_______. *Crítica à razão dualista: o ornitorrinco*. São Paulo: Boitempo, 2013.

OLIVEIRA, João Pacheco de. Pacificação e tutela militar na gestão de populações e territórios. *Mana*, Rio de Janeiro, v. 20, n. 1, p. 125-161, 2014.

PAOLI, Maria Célia. A Família operária: Notas sobre sua formação histórica no Brasil. *Tempo Social,* São Paulo, v. 4, n. 1-2, pp. 17-41, 1992.

_______. *Sujeitos políticos na formação social brasileira.* São Carlos: EdUFSCar, 2024.

_______. *A palavra de quem rememora* (1990). São Paulo: Crocodilo Edições/CMUrb/ODE, 2025.

PARRA, Henrique. "Prefácio". In: Edson Teles. *O abismo na história: ensaios sobre o Brasil em tempos de Comissão da Verdade.* São Paulo: Alameda, 2018.

PATERNIANI, Stella Zagatto. *São Paulo cidade negra:* branquidade e afrofuturismo a partir de lutas por moradia. Tese (doutorado em Antropologia Social). Instituto de Ciências Sociais da Universidade de Brasília. Brasília, 2019.

PATRIOLINO, Luana. De volta ao Mapa da Fome, Brasil tem 60 mi de pessoas com insegurança alimentar. *Correio Braziliense*, Jul. 2022. Disponível em: https://www.correiobraziliense.com.br/brasil/2022/07/5020611-pais-esta-de-volta-ao-mapa-da-fome-da-onu.html.

PEREIRA; Álvaro; OSMO, Carla; CARVALHO, Daniel; FANTI, Fabiola; MATSUDA, Fernanda; MIOLA, Iagê. A dimensão extensionista do curso de Direito da Unifesp e o papel das clínicas de prática jurídica. In: NACAGUMA, Simone; STOCO, Sergio. *Política de curricularização da extensão na UNIFESP: caminhos, desafios e construções.* São Paulo: Alameda, 2021.

PERES, Maria Fernanda Tourinho et al. Homicídios, desenvolvimento socioeconômico e violência policial no Município de São Paulo, Brasil. *Revista Panamericana de Salud Publica*, v. 23, n. 4, p. 268-276, 2008.

PIGNARRE, Philippe; STENGERS, Isabelle. *La sorcellerie capitaliste: pratiques de désenvoûtement*. Paris: Éditions La Découverte, 2005.

PINA, Bárbara. *"Meus mortos eu carrego comigo por onde vou" – Agências, militância e cotidiano de mães de vítimas da violência de Estado em São Paulo.* Dissertação de Mestrado. Universidade Federal de São Paulo, Programa de Pós-Graduação em Saúde Coletiva, São Paulo, 2022.

PINHEIRO, Paulo Sérgio. Violência sem controle e militarização da polícia. *Novos Estudos CEBRAP*, n. 1, vol. 2, p. 8-12, abr. de 1983.

PINHEIRO, Paulo Sérgio. Autoritarismo e transição. *Revista USP*, p. 45-56, mar./abr./mai.,1991.

PINHEIRO, Paulo Sérgio. Violência, crime e sistemas policiais em países de novas democracias. *Tempo Social; Rev. Sociol. USP*, v. 9, n. 1, p. 43-52, mai. de 1997.

QUINTELA, Débora Françolin. "O movimento de mães contra a violência policial nas periferias brasileiras". *Revista Sociedade e Estado*, Vol. 36, N. 3, 2021.

RENAN, Ernest. *Qu'est-ce qu'une nation?* Conférence faite en Sorbonne, le 11 Mars 1882. Paris: Calmann Lévy, Editeur, 1882.

RIBEIRO, Cristina Figueiro Terezo et al. *Manual para clínicas jurídicas no Brasil: de onde vem? O que é? Pra que serve? Como funciona?*. Rio de Janeiro: Lumen Juris, 2021.

ROCHA, Luciane de Oliveira. Judicialização do sofrimento negro. Maternidade negra e fluxo do Sistema de Justiça Criminal no Rio de Janeiro. *Sexualidad, Salud y Sociedad – Revista Latinoamericana*, v. 36, p. 181-205, 2020.

________. Maternidad indignada: reflexiones sobre el activismo de las madres negras y el uso de las emociones en investigación activista. In: *Anthropologica*, [S. l.], v. 36, n. 41, p. 35-56, 2018.

RODRIGUES, Thiago.; MACIEL, Tadeu Morato; MENDONÇA, Thaiane. A guerra para dentro: pacificação como doutrina e prática das Forças Armadas do Brasil. *Revista Brasileira de Estudos de Defesa*, [S. l.], v. 8, n. 2, p. 1-22, 2021

ROY, Ananya. Racial Banishment. Keywords in Radical Geography. *Antipode*; *Wiley & Sons,* [S. l.], v. 51, n. 1, p. 227-230, 2019.

RYNGELBLUM, Marcelo. *Violência policial letal no município de São Paulo (2014-2015): qualidade dos dados, estimativa do número de óbitos, perfil das vítimas e distribuição espacial.* Dissertação (Mestrado em Medicina Preventiva) – Faculdade de Medicina, Universidade de São Paulo, São Paulo, 2021.

SADER, Eder. *Quando novos personagens entraram em cena.* Rio de Janeiro: Paz e Terra, 1988.

SANTOS, Cesar Simoni. Espaços penhorados e gestão militarizada da fronteira urbana. *Geografia urbana*: 30 anos do Simpósio Nacional de Geografia Urbana: cidades, revoluções e injustiças. Rio de Janeiro: Consequência, 2020.

SAYAK, Valencia. *Capitalismo Gore.* Barcelona: Melusina, 2010.

SCHUMPETER, Joseph. *Capitalismo, socialismo e democracia.* Rio de Janeiro: Zahar, 1984.

SERVIÇO NACIONAL DE INFORMAÇÃO. (1981a). *Informação n° 009/115/ACG/81* (Assunto: Visita presidencial a Mato Grosso do Sul), de 21 de janeiro de 1981.

_______. (1981b). *Informação n° 117/117/ACG/81* (Assunto: Tentativa de promoção do descrédito da Polícia Federal em Mato Grosso), de 29 de junho de 1981.

_______.(1986). *Nº ACE/ANO 53775/86* (Assunto: Pressões contra o Superintendente Regional do Departamento de Polícia Federal em Mato Grosso do Sul – Gandi Jamil Georges), de 20 de janeiro de 1986.

_______. (1988a). *Nº ACE/ANO 7459/88* (Assunto: Contrabando de armamento – depósito de armas), de 21 de junho de 1988.

_______. (1988b). *Nº ACE/ANO 7831/88* (Assuntos: Apreensão de armamento e munições em Mato Grosso do Sul e Apreensão de armas e munições – Fazenda Córrego da Onça – Pedro Gomes/MS), de 14 de outubro de 1988.

_______. (1989). *Nº ACE/ANO 71711/89* (Assunto: 6910 – Irregularidades na fiscalização da fronteira Brasil/Bolívia, em Corumbá/MS; 6911 – Contrabando de drogas e armamentos – Envolvimento de parlamentar federal e policiais – Mato Grosso do Sul). de 12 de setembro de 1989.

SILVA, Mário Magno de Oliveira e RODRIGUES, Vera. Movimento de mães contra a violência policial: luta, resistência e trajetórias atravessadas nas relações de gênero, raça e classe. *Revista Remecs – Revista Multidisciplinar de Estudos Científicos em Saúde*, [S. l.], v. 7, n. 14, p. 1-19, 2022.

SOUZA, Jessé. *Ralé brasileira. Quem é e como vive.* Belo Horizonte: Editora UFMG, 2009.

SPINOZA, Benedictus de. *Tratado político.* São Paulo: Editora WMF Martins Fontes, 2009.

STENGERS, Isabelle; MASSUMI, Brian; MANNING, Erin. Histoire du milieu: entre macro et mésopolitique. Entrevue avec Isabelle Stengers, 25 novembre 2008. *INFLeXions* No. 3 - Micropolitics: Exploring Ethico-Aesthetics, Oct. 2009. Acesso: http://www.inflexions.org/n3_stengersfrhtml.html

TAVARES, Maria da Conceição; ASSIS, José Carlos de. *O Grande Salto Para o Caos: O Plano Cruzado Em Posfácio*. Rio de Janeiro: Zahar, 1986.

TELES, Edson. *O abismo na história: ensaios sobre o Brasil em tempos de Comissão da Verdade*. São Paulo: Alameda, 2018.

________. A revolta da fome: notícias sobre o quebra-quebra de abril de 1983 e a fabricação do consenso político. *Revista Antropolítica*, v. 54, n. 2, Niterói, p. 22-51, 2. quadri., mai./ago., 2022.

TELLES, Vera da Silva. *A cidade nas fronteiras do legal e ilegal.* Belo Horizonte: Argvmentvm, 2010.

VIANNA, Adriana. Violência, Estado e Gênero: considerações sobre corpos e corpus entrecruzados. In: LIMA, Antonio Carlos de Souza; GARCIA-ACOSTA, Virginia. *Margens da Violência - subsídios ao estudo do problema da violência nos contextos mexicano e brasileiro*, Brasília: ABA, 2014.

VIANNA, Adriana; FARIAS, Juliana. A guerra das mães: dor e política em situações de violência institucional. *Cadernos Pagu*, Campinas, n. 37, pp. 79-116, jul./dez., 2011.

WACQUANT, Loïc. *As prisões da miséria.* Rio de Janeiro: Editora Zahar, 2001.

________. The Militarization of Urban Marginality: Lessons from the Brazilian Metropolis. *International Political Sociology*, v. 2, p. 56-74, 2008.

ZAVERUCHA, Jorge. Relações Civil-wMilitares: o Legado Autoritário da Constituição Brasileira de 1988. In: TELES, Edson; SAFATLE, Vladimir (Orgs.). *O que resta da ditadura: a exceção brasileira*. São Paulo: Boitempo, pp. 42-76, 2010.

Quem escreveu este livro

Acácio Augusto. Professor no Departamento de Relações Internacionais da UNIFESP, *Campus* Osasco, no Programa de Pós-Graduação em Psicologia Institucional da UFES e no Programa de Pós-Graduação em Relações Internacionais: Estudos do Sul Global da EPPEN-UNIFESP. Coordena o Laboratório de Análise em Segurança Internacional e Tecnologias de Monitoramento (LASInTec) na UNIFESP. acacio.augusto@unifesp.br

Adalton Marques. Professor do Colegiado de Ciências Sociais e do Programa de Pós-Graduação em Política, Cultura e Ambiente (PoCAm) da Universidade Federal do Vale do São Francisco (Univasf). Doutor em Antropologia Social pela Universidade Federal de São Carlos (UFSCar). adalton.marques@univasf.br

Alana Moraes. Professora de Antropologia na UNIFESP; doutora em Antropologia pelo Museu Nacional (UFRJ). alana.moraes@unifesp.br

Ana Clara da Mata Bacharel em Relações Internacionais pela UNIFESP e pesquisadora do Laboratório de Análise em Segurança internacional e Tecnologias de Monitoramento (LASInTec) na UNIFESP. mata@unifesp.br

Carla Osmo. Doutora pela Faculdade de Direito da USP, professora na UNIFESP e coordenadora da Clínica de Direitos Humanos da UNIFESP. carla.osmo@unifesp.br

Edson Teles. Professor no Departamento de Filosofia e no Programa de Pós-Graduação em Filosofia da Universidade Federal de São Paulo (Unifesp). Compõe a coordenação do Centro de Antropologia e Arqueologia Forense (CAAF/Unifesp) e coordenador do Núcleo de Filosofia e Política (Unifesp/CNPq). É ativista da Comissão de Familiares de Mortos e Desaparecidos Políticos da Ditadura.

Fabíola Fanti. Pesquisadora do Centro Brasileiro de Análise e Planejamento (Cebrap). Doutora em Ciências Sociais pela Universidade Estadual de Campinas (UNICAMP), mestre em Ciência Política pela Universidade de São Paulo (USP). biolafanti@yahoo.com.br

Fernanda Emy Matsuda. Doutora em Sociologia pela USP e professora na UNIFESP. fematsuda@unifesp.br

Gabriella De Biaggi. Doutoranda em Geografia Humana na Universidade de São Paulo e pesquisadora do Laboratório de Análise em Segurança Internacional e Tecnologias de Monitoramento (LASInTec) na UNIFESP. gabrielladdb@gmail.com

Helena Ambiel. Graduanda em Direito pela FGV e Ex-Diretora Presidente do Centro de Assistência Jurídica Saracura (CAJU).

Joana Barros. Professora da UNIFESP, no Instituto das Cidades e do Programa de Pós-Graduação em Relações Internacionais: Estudos do Sul Global da EPPEN-UNIFESP; compõe a coordenação do Centro de Memória Urbana (CMUrb), do Laboratório de Análise em Segurança Internacional e Tecnologias de Monitoramento (LASInTec) e do Centro de Antropologia e Arqueologia Forense (CAAF), na UNIFESP. jsbarros@unifesp.br

Lia Carolina Batista Cintra. Mestre e doutora em Direito Processual Civil pela FDUSP e professora adjunta na UNIFESP. lia.batista@unifesp.br

Luzinete Ramos Borges. Assistente Social, especialista em Economia urbana e gestão pública e em Cidades, planejamento urbano e participação popular. Mestranda em Artes, Ciência e Humanidades na USP Leste. luzborges3@gmail.com

Maria Cecília de Araujo Asperti. Mestre e doutora em Direito Processual Civil pela FDUSP e professora da FGV Direito SP. maria.asperti@fgv.br

Nicole Nascimento. Graduada em Ciências Sociais pela Universidade Federal de São Paulo. Atualmente cursa a pós-graduação em Lutas Sociais e Direitos Humanos pela UNIFESP. Professora de Sociologia na rede pública estadual de São Paulo. nicole.nascimento19@unifesp.br

Raphael Sanz. Jornalista formado pela Pontifícia Universidade Católica de São Paulo (PUC-SP); pesquisador do Laboratório de Análise em Segurança Internacional e Tecnologias de Monitoramento (LASInTec) da UNIFESP. raphaelsanz13@gmail.com

Yasmin Carvalho. Pesquisadora e cientista de dados, formada em Ciências Sociais pela UNIFESP. Participou da Clínica de Direitos Humanos da Unifesp e do projeto "Políticas de segurança e violência de Estado: relatos de luta e imagens de resistências das mães da Chacina de Osasco e Barueri em 2015". yasmin.brandao@unifesp.br

Políticas de Segurança e Violência de Estado: Relatos de Luta e Imagens de Resistências das Mães da Chacina de Osasco e Barueri, em 2015

Coordenação: Prof. Dr. Acácio Augusto e Profa. Dra. Joana Barros

Recursos financeiros:

– Emenda parlamentar do Deputado Ivan Valente nº 32280020, Processo SEI Unifesp nº 23089.022600/2021-34, Cadastro no SIEX em 24/01/2021, Código da Proec – 19328.

– Antipode Foundation – Right to the Discipline Grant, 2025. Financiamento do projeto "Memory in Movement Against State Violence: 10 years of the Osasco and Barueri Mothers' Movement – São Paulo, Brazil".

Grupo pesquisa responsável: LASInTec – Laboratório de Análise em Segurança Internacional e Tecnologias de Monitoramento

Parceiros institucionais: Centro de Memória Urbana (*campus* Zona Leste) e Clínica de Direitos Humanos (*campus* Osasco), ambos da Unifesp.

Período do projeto: Início agosto de 2020.

Equipe de pesquisadoras/es do LASInTec:

Acácio Augusto (coordenador), Carolina Rosmaninho, Clara Lis Tucci Schiewaldt, Fábio Félix Ferreira, Gabriella De Biaggi, Gislaine Amaral Silva, Helena Wilke,

Ivo Sousa Ferreira, Joana Barros (vice coordenadora), Juan Rodrigues, Júlia Tibiriçá, Lou Clara Barzagui, Lucca Oliveira, Lúcia Soares, Maria Clara Teixeira Minussi, Roberta Medina, Raphael Sanz, Rafaela Martins, Samuel Andreatta Medeiros.

Equipe de pesquisadoras/es do projeto

Alana Moraes de Souza, Ana Beatriz Viana Luz, Ana Clara Francisco da Mata, Augusto Carvalho Gottberg Fagundes, Beatriz Soares Madureira, Bruna Ghirardello de Oliveira, Caio Castor (Pavio), Fabíola Fanti, Flávio Galvão de Moraes (FabCine), Isailton Martins dos Santos, João Paulo Gusmão, Luzinete Ramos Borges, Nicole Santos Nascimento, Rafaela Martins Berçot, Yasmin Brandão de Carvalho e Zilda Maria de Paula.

Produção audiovisual

MEMÓRIA obstinada: caminhos de luta das mães, por memória e verdade em Osasco e Barueri (documentário). Direção, roteiro, edição e imagens de arquivo: Caio Castor. Direção de fotografia, som direto e imagens de arquivo: Flávio Galvão. São Paulo, Pavio/LASInTec, 2023. Disponível em https://www.youtube.com/watch?v=VxOxax_xDgo&t=2s

Produção arquivística

Acervo digital, de acesso público, composto por documentos produzidos e coletados pela equipe de pesquisa e pela Associação 13 de Agosto, de diversas tipologias: imagens, notícias, reportagens, documentários e livros. Acervo Associação 13 de Agosto (ATA). Centro de Memória Urbana – CMUrb/Unifesp. centrodememoria.org.

Lista de fotografias

Dados Internacionais de Catalogação na Publicação
(Câmara Brasileira do Livro, SP, Brasil)

Memória obstinada : a luta das mães de Osasco e
Barueri / organização Acácio Augusto, Joana
Barros e Gabriella De Biaggi. --
São Paulo : Igrá Kniga, 2025.

Vários autores.
Bibliografia.
ISBN 978-65-997941-6-2

1. Mães e filhos 2. Memórias 3. Movimentos
sociais - São Paulo (SP) 4. Políticas públicas
5. Resistência 6. Violência - Aspectos sociais
7. Violência policial - Brasil I. Augusto, Acácio
II. Barros, Joana. III. Biaggi, Gabriella De.

25-313947.0 CDD-303.6

Índices para catálogo sistemático:

1. Violência : Sociologia 303.6

Eliane de Freitas Leite - Bibliotecária - CRB 8/841

Este livro foi composto em Baskervville e impresso
em papel Pólen Natural 80g.

1ª edição: Novembro de 2025.
Tiragem: 500 exemplares.
São Paulo, Brasil.